이책은 어린선수 부터 엘리트 선수 까지
다양한 수영교과서 이다. 특히 사회인. 동호인
일선에서 지도 하는 지도자. 엘리트 체육 에
종사 하시는 분. 기본기에서 선수 과정 까지
중분히 이해 할수 있는 수영 교과서
입니다.

    2011. 4월   魯 珉 相

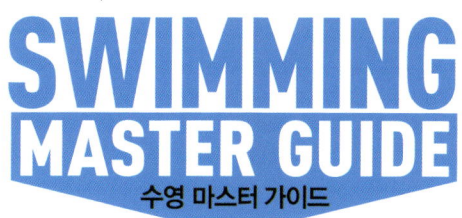

4 EIHOU WO MASTER SURU! SUIEI RENSHU MENU 200
ⓒ Ikeda Publishing Co., Ltd. 2010
Originally published in Japan in 2010 by Ikeda Publishing Co., Ltd.
Korean translation rights arranged through TOHAN CORPORATION, TOKYO.,
and EntersKorea Co., Ltd., SEOUL.

이 책의 한국어판 저작권은 (주)엔터스코리아를 통하여
일본의 Ikeda Publishing Co., Ltd.와 독점 계약한 싸이프레스가 소유합니다.
신 저작권법에 의하여 한국 내에서 보호를 받는 저작물이므로
무단전재와 무단복재를 금합니다.

SWIMMING
MASTER GUIDE
수영 마스터 가이드

고마쓰바라 마키 지음 | 김정환 옮김 | 노민상 감수

03
SPORTS
MASTER GUIDE

싸이프레스

■ 프롤로그

수준에 맞춘 풍부한 연습 메뉴를 통해
수영이 평생의 동반자가 된다!

수영은 평생 계속할 수 있는 운동입니다. 그런데 '지금 시작하기에는 너무 늦은 것은 아닐까?' 라는 생각에 수영의 세계로 첫발을 내딛기를 망설이는 분이 많은 듯합니다. 하지만 걱정할 필요는 없습니다. 수영은 어느 연령대에서나 시작할 수 있는 운동입니다. 저도 10대 후반에 수영을 시작했는데, 처음에는 자유형만 할 수 있는 정도였습니다. 그러던 것이 지금은 수영의 매력에 흠뻑 빠져들어 수영 강사로 일하고 있으니 참으로 신기한 일입니다. 지금은 수영이 생활의 일부가 되어, 물에 들어가면 기분이 상쾌해지고 활력이 솟아날 정도가 되었습니다. 또한 수영을 처음 경험하는 고령의 회원이 헤엄칠 수 있게 되어 수영의 즐거움을 알고 수영을 평생 계속하고 싶다고 말씀하시는 것을 들으면 수영의 매력을 다시금 느끼게 됩니다.

이 책에는 제가 20년이 넘는 경력 속에서 선배들에게 이어받은 기본 연습 메뉴와 제 자신이 고안해낸 오리지널 레슨 200종류가 소개되어 있습니다. 처음 수영을 시작하는 분도, 어느 정도 경험이 있는 분도 각자 자신의 수준에 맞는 레슨을 선택할 수 있습니다. 지금까지 레슨을 이렇게 많이 소개한 수영교본은 없었으리라 생각합니다. 여러분이 수영을 즐기며 실력을 향상시켜 수영장에서 새로운 자신과 만나도록 도울 수 있다면 기쁠 것입니다.

고마쓰바라 마키(수영 인스트럭터)

■ 감수글

제가 수영을 처음 접하게 된 동기는 어린 시절 한강 주변에서 성장한 것이 계기가 되었습니다. 지금이야 한강에서 수영을 하는 사람이 없지만 제가 자랄 때만해도 많은 사람들이 한강에서 수영을 했습니다. 이러한 환경의 영향으로 제가 수영을 자연스럽게 접하게 된 것입니다. 하지만 사실 말이 수영이지 영법을 제대로 배워서 했던 것이 아니라 동네 친구들과 놀이 삼아 했던 것이지요.

그렇게 어린 시절을 보내다가 오산중학교에 진학하면서 정식으로 수영에 입문하게 되었고 수영을 접한 지도 어느덧 40여 년이란 세월이 흘렀습니다. 그리고 그 시간들을 되돌아보니 선수와 감독으로서 훈련장에서나 경기장에서 함께한 좌절과 영광의 순간들이 파노라마처럼 스쳐갑니다. 특히 지난 5~6년은 독자 여러분도 잘 아시다시피 제 수영 인생에서 가장 영광스러우면서도 다사다난했던 시간이 아니었나 싶습니다. 2006 도하 아시안게임, 2007 멜버른 세계선수권대회, 2008 베이징 올림픽, 2009 로마 세계선수권대회, 그리고 2010 광저우 아시안게임까지.

저는 감독으로서 한 가지 지론을 가지고 있습니다. 어느 선수든 슬럼프를 겪으면서 자신의 결점을 되돌아보고 그것을 극복해가는 과정에서 성장하는 것만이 결국은 위대한 선수를 만든다는 것입니다.

일례로 세계적 수영 스타인 박태환 선수의 경우를 들어보겠습니다. 박태환 선수는 2006 도하 아시안게임에서 금메달 3개, 은메달 1개, 동메달 3개를 따며 MVP에 선정되었고, 이때부터 본격적으로 전 국민적 관심사로 떠오르기 시작했습니다. 그리고 이듬해인 2007년 멜버른에서 개최한 세계선수권대회 남자 자유형 400m에서 세계적 강호를 물리치고 당당히 금메달을 걸게 되었습니다. 이때부터 언론은 물론이고 국민 대다수가 1년 앞으로 다가온 베이징 올림픽에서의 대한민국 최초의 수영 금메달 가능성에 대한 기대가 최고조에 이르게 되었습니다. 그리고 박태환 선수는 2008 베이징 올림픽에서 엄청난 심적 부담을 이겨내면서 자랑스럽게도 금메달을 획득하면서 국민적 영웅으로 떠오르게 되었고, 모두가 향후 몇 년간은 박태환 선수가 세계 수영계를 호령할 것이라 예상했습니다.

하지만 2009년 8월 로마 세계선수권대회 전 종목 예선 탈락이라는 믿기지 않는 결과가 나오면서 모두가 충격에 빠지게 되었습니다. 모든 국민들이 실망을 금치 못했지만 저의 충격은 더욱 컸고, 무엇보다도 박태환 선수 자신의 좌절감은 본인 외에는 아무도 이해하지 못할 정도였을 것입니다. 주변의 싸늘한 시선과 질타, 그리고 계속되는 언론의 부정적 보도는 그 어린 선수의 마음에 깊은 상처가 되었을 것입니다.

그러나 박태환 선수는 이러한 슬럼프를 이겨내고 2010 광저우 아시안게임에서 보란 듯이 정상의 자리를 탈환했습니다. 그리고 진정 위대한 선수로 거듭나게 되었습니다.

제가 감독으로서 가장 강조하는 부분이 이러한 점입니다. 세상의 어떠한 위대한 선수도 슬럼프는 겪을 수 있습니다. 하지만 그대로 주저앉느냐, 다시 일어서느냐에 따라 결과는 천상지차입니다. 그리고 다시 일어서기 위해 훈련 과정을 어떻게 가져가느냐는 절대적으로 중요합니다.

그러한 점에서 〈수영 마스터 가이드〉는 매우 훌륭한 교본이라고 자신 있게 말씀드릴 수 있습니다. 이 책의 내용을 보면 수영을 위한 사전 준비 과정부터 시작해서 기본 동작에 대해 상세하게 설명되어 있습니다. 그리고 자유형, 평형, 배영, 접영 등 4가지 영법에 대해서 다른 교본들에 비해 상당히 수준 높은 전문성이 있으면서도 이해하기 쉽도록 설명하고 있습니다. 또한 단계별 연습과정과 부상방지 방법, 워밍업과 근력 트레이닝 등이 일목요연하게 정리되어 있으며, 연습동작, 반복동작, 응용동작 등이 세분화되어 있어 이해가 매우 쉽습니다. 따라서 초중고 및 대학생은 물론 일반 독자들이 참고하기에는 더할 나위 없는 교본입니다. 특히 일선 지도자들을 위한 코칭 기술도 눈여겨 볼만 합니다.

끝으로 앞으로 여러분들의 보다 큰 사랑으로 한국수영이 더욱 발전할 수 있기를 기대하면서, 저 역시 영원한 수영인으로서 더욱 노력하며 최선을 다하도록 하겠습니다.

2011년 4월
노민상

이 책의 사용법

각 항목의 내용을 설명했다. 본문으로 들어가기 전에 읽어 보도록 하자.

연습 메뉴와 목적
연습의 목적과 내용이다.

LESSON **086** | 자유형 · 영력 향상   초급 중급 상급

오리발로 킥하기

· 횟수 | 25m×6회

목적 ▶ 자신의 힘 이상의 추진력을 얻을 수 있어 물속을 힘차게 나아가는 상쾌함을 체험할 수 있다.

발에 오리발을 끼우고 자유형으로 헤엄친다.

발목과 무릎을 펴고 큰 리듬으로 채찍질을 하듯이 킥한다.

사진과 훈련 방법
메뉴를 실행하는 방법을 사진과 글로 설명했다.

NG
실수하기 쉬운, 자기도 모르게 저지르기 쉬운 잘못된 예를 사진이나 글로 소개했다.

발목이 구부러지면 오리발이 물속에 꽂히는 듯한 형태가 되어 물을 차지 못한다.

POINT TIP!
연습할 때 주의할 점이나 지도자가 조언해주면 좋은 포인트를 정리했다.

POINT TIP!
장거리를 헤엄치고 싶은 사람, 놀이 요소를 가미하고 싶은 사람에게 추천한다. 다만 사전에 사용법을 배워 둘 필요가 있다. 발목과 무릎은 굽히지 말고 부드럽게 움직인다.

NG! 발목이 구부러지면 오리발이 수영장 바닥과 수직이 되어 물을 캐치하지 못한다. 발목과 무릎을 곧게 펴자.

LESSON **087** | 자유형 · 영력 향상   초급 중급 상급 ●———— **난이도 등급**
연습 메뉴의 난이도 기준이다.

킥보드를 사용하여 킥하기

· 횟수 | 25m×6회 ●

목적 » 킥보드의 부력에 의지하지 않고 자세를 교정하면서 킥력을 향상시킨다.

손끝에서 발끝까지 일직선으로 만드는
스트림라인 자세를 의식한다.

자세를 안정시키고
평소보다 강하고 섬세하게 킥을 한다.

횟수와 시간
훈련 메뉴의 횟수와 소요 시간의 기준이다. 자신의 수준이나 그날의 컨디션에 맞춰 조정하기 바란다.

작은 크기의 킥보드에 손을 올리고
킥으로 나아간다.

확대 사진과 마크
특히 주의해야 할 포인트는 확대 사진이나 그래픽을 이용하여 강조했다.

POINT TIP!
작은 크기의 킥보드는 불안정하기 때문에 스트림라인을 유지하는 연습이 된다. 또한 킥을 강하게 해야 앞으로 나아갈 수 있어 영력과 근력 향상에도 도움이 된다.

NG! 킥보드의 부력에 너무 의지하면 강한 킥이나 조정력이 몸에 배지 않는다. 일부러 불안정한 상황을 만들어 연습해보기 바란다.

차례 CONTENTS

프롤로그 ··· 4
감수글 ··· 6
이 책의 사용법 ·· 8

CHAPTER 01 수영의 기본—풀, 킥, 호흡 PULL, KICK, BREATHING

풀 | PULL ·· 22
킥 | KICK ·· 24
호흡 | BREATHING ·· 26
수영모와 물안경 쓰는 법 ·· 28
연습에 사용하는 도구들 ·· 30
칼럼–훈련 메뉴 짜기 ·· 32

CHAPTER 02 물에 들어가기 위한 준비 READY TO SWIM

코치의 한 마디! ··· 36
LESSON 001 목 스트레칭① ·· 38
LESSON 002 목 스트레칭② ·· 38
LESSON 003 목 스트레칭③ ·· 39
LESSON 004 목 스트레칭④ ·· 39
LESSON 005 어깨 스트레칭① ··· 40
LESSON 006 어깨 스트레칭② ··· 40
LESSON 007 고관절 스트레칭 ··· 41
LESSON 008 무릎 스트레칭① ··· 42
LESSON 009 무릎 스트레칭② ··· 42
LESSON 010 허리 스트레칭① ··· 43
LESSON 011 허리 스트레칭② ··· 43

LESSON 012	장딴지 스트레칭	44
LESSON 013	허벅지 스트레칭	44
LESSON 014	팔 스트레칭	45
LESSON 015	어깨 관절 스트레칭	45
LESSON 016	손목 스트레칭	46
LESSON 017	등 스트레칭	46
LESSON 018	발목 스트레칭①	47
LESSON 019	발목 스트레칭②	47
LESSON 020	샤워하기	48
LESSON 021	풀사이드에서 물 끼얹기	49
LESSON 022	풀사이드에 걸터앉아 킥하기	50
LESSON 023	입수	51
LESSON 024	풀사이드 점프	51
LESSON 025	앞으로 걷기	52
LESSON 026	뒤로 걷기	52
LESSON 027	옆으로 걷기①–오픈 스텝	53
LESSON 028	옆으로 걷기②–크로스 스텝	53
LESSON 029	한 발씩 점프하기	54
LESSON 030	양발로 점프하기	54
LESSON 031	킥보드를 가로로 들고 걷기	55
LESSON 032	킥보드를 앞뒤로 밀고 당기면서 걷기	55
LESSON 033	킥보드를 아래로 밀면서 걷기	56
LESSON 034	킥보드를 끌어안고 뜨기	56
LESSON 035	킥보드에 앉아 스컬링하기	57
LESSON 036	술래잡기	58
LESSON 037	캐치볼하기	58
LESSON 038	수구(水球) 놀이	59
LESSON 039	수중 농구	59
LESSON 040	기차놀이	60
LESSON 041	특급열차 놀이	60
LESSON 042	손바닥에 얼굴 담그기	61
LESSON 043	원 안에 얼굴 담그기	61

칼럼–수영장 매너 ············ 62

CHAPTER 03 기본 동작 BASIC MOTION

- 코치의 한 마디! ······ 66
- **LESSON 044** 입으로 거품내기 ······ 68
- **LESSON 045** 함께 잠수하기 ······ 69
- **LESSON 046** 손을 수영장 바닥에 대기 ······ 70
- **LESSON 047** 엉덩이를 수영장 바닥에 붙이기 ······ 70
- **LESSON 048** 수중 가위바위보 ······ 71
- **LESSON 049** 수중 눈싸움 ······ 71
- **LESSON 050** 벽을 잡고 연속 전방 호흡하기 ······ 72
- **LESSON 051** 자세를 의식하며 연속 전방 호흡하기 ······ 72
- **LESSON 052** 보조원과 함께 보빙하기 ······ 73
- **LESSON 053** 혼자서 점프하며 보빙하기 ······ 73
- **LESSON 054** 쪼그려 뜨기 ······ 74
- **LESSON 055** 해파리 뜨기 ······ 75
- **LESSON 056** 엎드려 뜨기 ······ 76
- **LESSON 057** 누워 뜨기 ······ 77
- **LESSON 058** 팔꿈치를 대고 킥하기 ······ 78
- **LESSON 059** 벽을 잡고 킥하기 ······ 78
- **LESSON 060** 얼굴을 담근 채 벽을 잡고 킥하기 ······ 79
- **LESSON 061** 킥보드를 잡고 킥하기 ······ 79
- **LESSON 062** 호흡을 멈춘 채 얼굴을 물에 담그고 킥하기 ······ 80
- **LESSON 063** 호흡을 하며 얼굴을 물에 담그고 킥하기 ······ 81
- **LESSON 064** 훌라후프 통과하기 ······ 82
- **LESSON 065** 링 줍기 ······ 82
- **LESSON 066** 잠수 ······ 83
- **LESSON 067** 차고 뻗기 ······ 84
- **LESSON 068** 차고 뻗기 후 킥하기 ······ 85
- 칼럼–수영장에서의 응급처치 ······ 86

CHAPTER 04 자유형(크롤) FREESTYLE STROKE

	코치의 한 마디!	90
LESSON 069	지상에 서서 풀 연습하기	92
LESSON 070	물속에 서서 풀 연습하기	93
LESSON 071	호흡을 하며 얼굴을 물에 담고 킥하기	94
LESSON 072	호흡을 하며 차고 뻗기 후 킥하기	95
LESSON 073	한쪽 팔 무호흡 자유형	96
LESSON 074	무호흡 자유형	97
LESSON 075	물속에서 호흡하며 서서 풀하기	98
LESSON 076	한쪽 팔로만 킥보드 잡고 킥하며 횡호흡하기	99
LESSON 077	배면 뜨기-차고 뻗기 후 킥하기	100
LESSON 078	횡호흡	101
LESSON 079	한 손 자유형	102
LESSON 080	튜브 잡아당기기	103
LESSON 081	자유형 콤비네이션①	104
	자유형 콤비네이션②	106
LESSON 082	공을 쥐고 물 젓기	108
LESSON 083	풀판을 사용하여 물 젓기	109
LESSON 084	풀부이를 사용하여 헤엄치기	110
LESSON 085	풀판과 풀부이를 사용하여 헤엄치기	111
LESSON 086	오리발로 킥하기	112
LESSON 087	킥보드를 사용하여 킥하기	113
LESSON 088	헤드 터치	114
LESSON 089	몸의 옆면을 만지면서 리커버리하기	115
LESSON 090	킥보드로 물 젓기	116
LESSON 091	코스 로프를 잡으며 나아가기	117
LESSON 092	롤링	118
LESSON 093	엄지손가락을 몸 아래로 통과시키기	119
칼럼	-영력 검정 소개	120

CHAPTER 05 평영 BREAST STROKE

	코치의 한 마디!	124
LESSON 094	지상에 서서 풀 연습하기	126
LESSON 095	물속에 서서 풀 연습하기	127
LESSON 096	풀사이드에 서서 킥 연습하기	128
LESSON 097	풀사이드에 앉아 킥 연습하기	129
LESSON 098	벽 잡고 킥하기	130
LESSON 099	킥보드 잡고 킥하기	131
LESSON 100	얼굴을 물에 담그고 킥하기	132
LESSON 101	차고 뻗기 후 킥하기	133
LESSON 102	누워서 킥하기	134
LESSON 103	발꿈치에 손가락 걸기	135
LESSON 104	파트너와 킥 연습하기	136
LESSON 105	얼굴을 물에 담그고 킥보드 킥하기①-2킥 1호흡	137
LESSON 106	얼굴을 물에 담그고 킥보드 킥하기②-1킥 1호흡	138
LESSON 107	차고 뻗기 후 킥하기①-2킥 1호흡	139
LESSON 108	차고 뻗기 후 킥하기②-1킥 1호흡	140
LESSON 109	걸으면서 손 젓기	141
LESSON 110	평영 콤비네이션①-수면	142
	평영 콤비네이션②-수중	144
LESSON 111	외발 킥	146
LESSON 112	한 손 평영	147
LESSON 113	풀판을 사용하여 물 젓기	148
LESSON 114	풀부이를 사용하여 헤엄치기	149
LESSON 115	전방으로 서서 헤엄치기	150
LESSON 116	후방으로 서서 헤엄치기	151
LESSON 117	공을 턱에 끼우고 연습하기	152
LESSON 118	한 번 젓고 한 번 차기①	153
LESSON 119	한 번 젓고 한 번 차기②	154

CHAPTER 06 배영 BACK CRAWL STROKE

⚠️ 코치의 한 마디! ··· 158
LESSON 120 지상에 서서 풀 연습하기 ··· 160
LESSON 121 물속에 서서 풀 연습하기 ··· 161
LESSON 122 풀사이드에 걸터앉아 배면킥 연습하기 ··································· 162
LESSON 123 배면 뜨기 ·· 163
LESSON 124 차고 뻗기 후 배면 뜨기 ··· 164
LESSON 125 한 손으로 배면 뜨기 후 킥하기 ·· 165
LESSON 126 배면 뜨기 후 킥하기 ·· 166
LESSON 127 한 손 배영 ·· 167
LESSON 128 서서 풀하며 호흡하기 ··· 168
LESSON 129 이마에 물건 올려놓고 연습하기 ··· 169
LESSON 130 턱에 공 끼우고 연습하기 ··· 170
LESSON 131 허리 헬퍼 달고 연습하기 ··· 171
LESSON 132 배영 콤비네이션①-수면 ··· 172
　　　　　　　 배영 콤비네이션②-수중 ··· 174
LESSON 133 양손 배영 ·· 176
LESSON 134 엄지손가락 입수하기 ·· 177
LESSON 135 손을 얼굴 앞에서 멈추기 ·· 178
LESSON 136 풀판을 사용하여 물 젓기 ··· 179
LESSON 137 오리발로 킥하기 ·· 180
LESSON 138 물 바로 위로 킥하는 연습하기 ··· 181
LESSON 139 코스 로프를 잡으며 나아가기 ·· 182
LESSON 140 배영 대시 ·· 183
LESSON 141 롤링 ·· 184
LESSON 142 물속에서 스타트하기 ·· 185

칼럼-바다 수영(Open Water Swimming) ··· 186

CHAPTER 07 접영 BUTTERFLY STROKE

- 코치의 한 마디! ····· 190
- **LESSON 143** 지상에 서서 풀 연습하기 ····· 192
- **LESSON 144** 물속에 서서 풀 연습하기 ····· 193
- **LESSON 145** 양손 무호흡 접영 ····· 194
- **LESSON 146** 양손으로 벽잡고 킥하기 ····· 195
- **LESSON 147** 킥보드 킥 ····· 196
- **LESSON 148** 얼굴을 물에 담그고 킥하기 ····· 197
- **LESSON 149** 차고 뻗기 후 킥하기 ····· 198
- **LESSON 150** 호흡하며 얼굴을 물에 담그고 킥하기 ····· 199
- **LESSON 151** 돌고래 뛰기 ····· 200
- **LESSON 152** 한쪽 팔 무호흡 접영 ····· 201
- **LESSON 153** 한 손 접영①-3킥 1호흡 ····· 202
- **LESSON 154** 한 손 접영②-2킥 1호흡 ····· 203
- **LESSON 155** 접영 콤비네이션-수면 ····· 204
- **LESSON 156** 3킥 접영-수중 ····· 206
- **LESSON 157** 돌핀 킥+평영 풀 ····· 208
- **LESSON 158** 풀판을 사용하여 물 젓기 ····· 209
- **LESSON 159** 오리발을 사용하여 연습하기 ····· 210

CHAPTER 08 스타트와 턴 START & TURN

- 코치의 한 마디! ··· 214
- **LESSON 160** 발부터 뛰어들기 ··· 216
- **LESSON 161** 앉아서 뛰어들기 ··· 217
- **LESSON 162** 머리부터 뛰어들기 ··· 218
- **LESSON 163** 그랩 스타트 ·· 219
- **LESSON 164** 트랙 스타트 ·· 220
- **LESSON 165** 오픈 턴①-한 손 터치 ······································ 221
- **LESSON 166** 오픈 턴②-양손 터치 ·· 222
- **LESSON 167** 앞돌기① ·· 223
- **LESSON 168** 앞돌기② ·· 224
- **LESSON 169** 벽 없이 턴하기 ··· 225
- **LESSON 170** 플립 턴 ·· 226
- **LESSON 171** 스핀 턴 ·· 227
- **LESSON 172** 롤오버 턴 ·· 228

CHAPTER 09 홈 트레이닝 HOME TRAINING

- 코치의 한 마디! ·········· 232
- **LESSON 173** 복근 단련 ·········· 234
- **LESSON 174** 복직근 하부 단련 ·········· 235
- **LESSON 175** 복식호흡 ·········· 236
- **LESSON 176** 가슴근육 단련 ·········· 236
- **LESSON 177** 어깨 관절 스트레칭 ·········· 237
- **LESSON 178** 삼각근 단련 ·········· 237
- **LESSON 179** 상완 이두근 단련 ·········· 238
- **LESSON 180** 상완 삼두근 단련 ·········· 238
- **LESSON 181** 페트병으로 손목 단련하기 ·········· 239
- **LESSON 182** 튜브로 팔 단련하기 ·········· 239
- **LESSON 183** 튜브로 허벅지 단련하기①-앞뒤 ·········· 240
- **LESSON 184** 튜브로 허벅지 단련하기②-안쪽과 바깥쪽 ·········· 241
- **LESSON 185** 튜브로 광배근 단련하기 ·········· 242
- **LESSON 186** 튜브로 삼각근 단련하기 ·········· 242
- **LESSON 187** 튜브로 대흉근 단련하기 ·········· 243
- **LESSON 188** 튜브를 이용하여 자세 점검하기 ·········· 244
- **LESSON 189** 의자를 이용하여 자세 점검하기①-자유형 ·········· 245
- **LESSON 190** 의자를 이용하여 자세 점검하기②-접영 ·········· 246
- **LESSON 191** 벽에 등을 붙이고 자세 점검하기-배영 ·········· 247
- **LESSON 192** 거울 보며 자세 점검하기 ·········· 248
- **LESSON 193** 짐볼을 이용하여 자세 점검하기①-자유형 ·········· 249
- **LESSON 194** 짐볼을 이용하여 자세 점검하기②-평영 ·········· 250
- **LESSON 195** 짐볼을 이용하여 자세 점검하기③-배영 ·········· 251
- **LESSON 196** 짐볼을 이용하여 자세 점검하기④-접영 ·········· 252
- **LESSON 197** 걸으면서 자세 점검하기 ·········· 253
- **LESSON 198** 벽에서 턴 연습하기 ·········· 254
- **LESSON 199** 목욕탕에서 호흡 연습하기 ·········· 255
- **LESSON 200** 목욕탕에서 스컬링하기 ·········· 255

◌ 수영 용어 ………………………………………………………………… 256
◌ 에필로그 ………………………………………………………………… 258

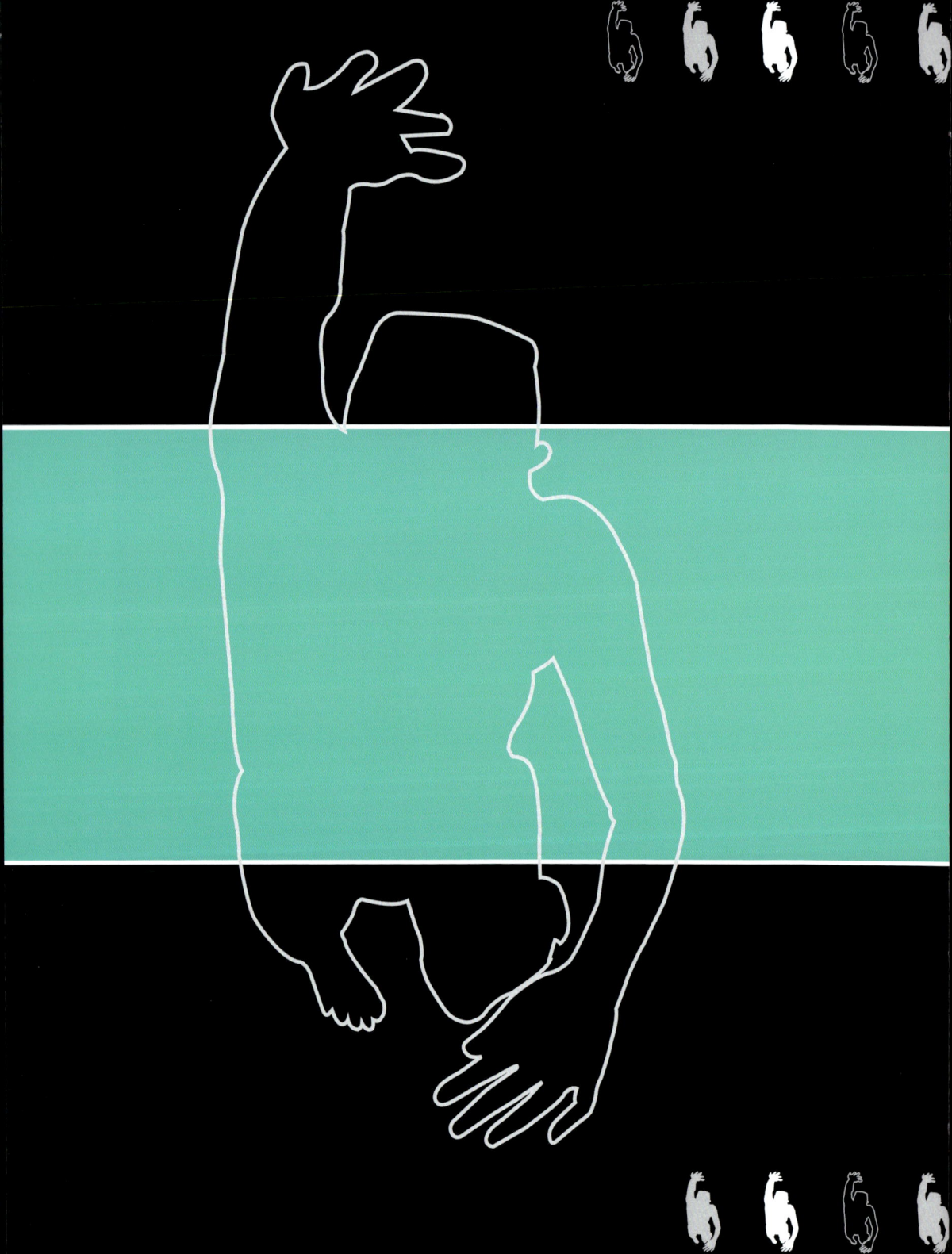

CHAPTER 01

수영의 기본
―풀, 킥, 호흡
PULL, KICK, BREATHING

수영은 풀(손으로 젓기)과 킥을 통해 추진력을 얻어 물속을 나아간다. 그리고 먼 거리를 수영하기 위해서는 호흡을 해야 한다. 즉, '풀', '킥', '호흡'이라는 세 가지 요소를 연동시키며 수영하는 것이다.

 수영의 기본

풀 | PULL

손을 휘젓는 동작을 '풀'이라고 한다. 손바닥으로 물을 최대한 많이 잡아 힘차게 저으면 앞으로 나아가는 추진력이 생긴다.

풀의 원칙은 물을 '잡아서'→'젓고'→'밀어내는' 것이다
물을 많이 잡을수록 추진력이 높아진다

풀은 손으로 물을 젓는 동작을 가리킨다. 네 가지 영법 중 자유형과 배영, 접영은 풀이 추진력의 약 70퍼센트를 차지하며, 평영만 유일하게 킥이 추진력의 약 60퍼센트를 차지한다. 풀의 자세는 각 영법마다 다르지만, 물을 젓는 기본 동작의 흐름은 거의 같다.

손끝부터 입수하는 엔트리(Entry)→손바닥으로 물을 잡는 캐치(Catch)→캐치한 물을 잡아당기는 풀(Pull)→저은 물을 힘차게 밀어내는 피니시(Finish)→손을 전방으로 되돌리는 리커버리(Recovery)의 순서로 손을 움직인다. 다만 평영만은 리커버리가 수중에서 이루어지기 때문에 엔트리도 수중이 된다.

풀에서 중요한 것은 많은 물을 확실하게 캐치하는 것이다. 빠르게 수영하려고 있는 힘껏 손을 저어도 물은 손에서 새어 나간다. 따라서 물을 캐치할 때는 손바닥의 힘을 빼고 손가락과 손가락 사이를 가볍게 벌려 물을 부드럽게 감싸 쥐듯이 하는 것이 핵심이다. 그리고 손목을 조금 굽히고 팔꿈치를 높은 위치에서 유지하며(하이 엘보), 손끝에서 팔꿈치까지의 넓은 범위에서 많은 물을 캐치해 저어 나간다.

물을 캐치하는 감각은 손바닥으로 '∞' 모양을 그리는 스컬링(Sculling) 연습(57페이지 참고)을 하면 잘 알 수 있다.

자유형 풀

팔을 똑바로 뻗어 어깨의 연장선상에서 손끝부터 엔트리한다. 손목과 팔꿈치를 가볍게 굽혀 물을 캐치한다. 캐치한 물을 후방으로 저어(풀), 허벅지 위치까지 물을 밀어낸다(피니시). 팔꿈치, 손의 순서로 수면으로 나와 엔트리 위치로 리커버리한다.

 90페이지

평영 풀

양팔을 앞으로 곧게 뻗어 엔트리한다. 손바닥을 바깥쪽으로 향하며 팔을 좌우로 벌리고, 팔꿈치를 세워 물을 캐치한다. 캐치한 물을 감싸 안듯이 가슴까지 젓고, 팔을 안쪽으로 말아 넣듯이 움직이면서 손바닥을 뒤집어 그대로 앞으로 뻗는다(리커버리).

 124페이지

배영 풀

팔을 곧게 뻗어 어깨의 연장선상에서 새끼손가락부터 엔트리한다. 손목과 팔꿈치를 가볍게 굽혀 물을 캐치한다. 캐치한 물을 후방으로 저어(풀), 허벅지 위치까지 물을 밀어낸다(피니시). 어깨부터 수면으로 나와 엔트리 위치로 천천히 리커버리한다.

 158페이지

접영 풀

어깨의 연장선상으로 양팔을 곧게 뻗어 동시에 엔트리한다. 양팔을 좌우로 벌리고 팔꿈치를 세워 물을 캐치한다. 캐치한 물을 가슴까지 끌어 모아 단숨에 후방으로 밀어낸다(피니시). 새끼손가락부터 수면 위로 올리면서 리커버리한다.

 190페이지

 수영의 기본

킥 | KICK

킥은 발로 물을 차며 영법의 균형을 잡는 역할을 한다. 풀과 마찬가지로 발등이나 발바닥으로 물을 효과적으로 캐치하는 것이 포인트다.

킥도 세게 하는 것보다 타이밍이 중요하다
특히 평영의 킥은 발목의 스냅을 이용한다

자유형의 킥은 발을 위아래로 교차해서 움직이는 물장구치기다. 반면 배영의 킥은 물장구치기를 반대로 한다. 접영은 두 발을 동시에 상하로 움직이는 돌핀 킥을 한다. 이 세 가지 킥의 움직임에는 각각 공통점이 있는데, 평영의 킥만 움직임이 복잡하고 난이도가 높은 것이 특징이다. 그래도 이 네 가지 영법의 킥의 기본은 모두 똑같으며, 풀과 마찬가지로 물을 확실히 캐치하는 것이 포인트다.

자유형과 배영, 접영의 킥을 할 때는 발등을 사용하여 물을 캐치한다. 그리고 허벅지와 무릎 아래를 채찍질하듯이 움직여 힘을 전달하고 발목의 스냅을 활용해 물을 뒤쪽으로 보낸다. 한편 평영의 킥은 발꿈치를 엉덩이 쪽으로 끌어당기고 발바닥으로 물을 캐치해 단숨에 뒤쪽으로 밀어내며 발목의 스냅을 이용하여 곧게 뻗는다.

풀과 마찬가지로 킥도 단순히 강하게 찬다고 해서 추진력을 얻을 수 있는 것이 아니다. 강하게 차면 오히려 물의 저항이 커지거나 풀의 추진력이 떨어지므로 킥의 강도보다는 킥의 타이밍에 더 신경을 쓰도록 하자.

또한 킥은 영법 전체의 균형을 잡는 역할도 한다. 평영 이외의 세 종목의 킥은 풀을 보조하는 역할이라고 생각하자.

자유형 킥

양쪽 다리를 위아래로 교차해 움직인다. 허리를 받침점으로 허벅지부터 움직여 무릎 아래와 발목으로 힘을 전달하며, 마지막으로 발목의 스냅을 이용하여 물을 뒤쪽으로 보낸다. 차올리기보다는 차내리는 느낌으로 채찍질을 하듯이 킥을 하자.
　91페이지

평영 킥

발꿈치를 엉덩이 쪽으로 끌어당기고 발목을 바깥쪽으로 벌린 다음, 발목을 굽힌 채 발바닥으로 물을 캐치해 뒤쪽으로 밀어낸다. 마지막으로 발목의 스냅을 이용하여 발끝을 뻗으며 물을 뒤쪽으로 보내면 앞으로 나아간다. 평영은 킥으로 전진하는 영법이므로 올바른 움직임을 익히는 것이 중요하다.　125페이지

배영 킥

기본적인 움직임은 자유형의 킥과 같다. 다만 차내리는 것보다 차올리는 킥을 의식하는 것이 포인트다. 허리를 받침점으로 허벅지부터 움직여 무릎 아래와 발목으로 채찍질하듯이 차올리며, 마지막으로 발목의 스냅을 이용하여 물을 보낸다.
　159페이지

접영 킥

양발을 동시에 상하로 움직이는 돌핀 킥은 기본적으로는 물장구치기와 같다. 허리, 허벅지, 무릎 아래, 발목 순으로 채찍질하듯이 움직여 힘을 전달한다. 접영의 킥은 영법의 리듬을 만드는 역할도 하며, 엔트리와 동시에 첫 번째, 피니시에 걸쳐 두 번째 킥을 한다.
　191페이지

 수영의 기본

호흡 | BREATHING

서툰 호흡을 극복하는 것이 장거리를 수영하기 위한 열쇠다. 폐의 크기는 정해져 있으므로 숨을 전부 토해내고 들이마신다는 것을 잊지 말자.

호흡의 3단계는 '멈추기→내뱉기→들이마시기' 순서다
얼굴이 수면 위로 나와 있는 배영도 마찬가지다

장거리를 수영하기 위해서는 호흡이 필요하다. 그런데 호흡이 괴로워서 헤엄치지 못하는 사람이 의외로 많다. 그런 사람들은 대부분 숨을 들이마신다는 생각만 하고 토해내는 것을 잊는다. 폐의 크기는 정해져 있으므로 숨을 전부 내뱉지 않으면 새로운 공기를 들이마실 수가 없다.

그렇다고 해서 숨을 들이마셨다가 물속에서 바로 내뱉는다면 부레의 역할을 하는 폐에서 공기가 사라져 몸이 가라앉는다. 몸이 가라앉으면 공포심이 생겨 몸에 힘이 들어가고, 그 결과 점점 호흡이 괴로워지는 악순환에 빠진다.

그러므로 먼저 수영 호흡의 기본을 익히는 것부터 시작하자. 이를 위해서는 보빙(Bobbing) 연습(73페이지 참고)이 효과적이다. 수영의 기본은 숨을 '멈추기→내뱉기→들이마시기'의 흐름이다. 폐에 숨을 잔뜩 들이마시고 물속으로 들어가 잠시 숨을 멈춘다. 그 다음 괴로워지면 코로 조금씩 숨을 뱉어내고, 수면 위로 얼굴을 드러낸 순간 숨을 전부 내뱉으며 그 반동으로 들이마신다.

이 보빙 연습을 반복해서 '멈추기→내뱉기→들이마시기'의 흐름을 몸에 기억시키도록 하자. 호흡의 기본은 네 가지 영법 모두 공통이다.

자유형 호흡

머리의 위치는 바꾸지 않고 턱을 끌어당긴 상태에서 그대로 옆으로 향하며 숨을 들이마신다. 호흡하는 쪽의 손이 앞에서 몸 아래를 지날 때 머리가 옆을 향하기 시작해, 후반의 피니시 때 호흡을 일치시킨다. 그 후 물을 저은 손을 앞으로 되돌리는 타이밍에 얼굴을 물속으로 되돌린다. ⚠ 91페이지

평영 호흡

팔을 모으는 동시에 얼굴을 수면 위로 내밀어 숨을 들이마신다. 이때 상체가 너무 수면 위로 올라오면 속도가 떨어지는 원인이 되므로 주의하자. 얼굴을 비스듬히 앞으로 내민다는 느낌으로 호흡을 하고 즉시 턱을 당겨 얼굴부터 입수한다. 이 일련의 동작을 하면서 풀을 멈추지 않는 것이 중요하다. ⚠ 125페이지

배영 호흡

위쪽을 보며 수영하는 배영은 호흡에 특별한 방법이 없을 것이라고 생각하기 쉽지만, 풀의 움직임에 호흡의 리듬을 맞추면 부드럽게 헤엄칠 수 있다. 이미지는 자유형과 같다. 리커버리 시작 직후에 입을 벌리기 시작해 엔트리와 동시에 숨을 들이마시기를 멈춘다.
⚠ 159페이지

접영 호흡

두 번째 킥과 풀의 피니시와 동시에 얼굴을 들어 호흡을 한다. 얼굴을 들 때는 턱이 수면에 아슬아슬하게 나올 정도로 올린다. 상체를 너무 수면 위로 들어 올리면 체력을 불필요하게 소모할 뿐만 아니라 균형이 무너져 속도가 떨어진다. 따라서 얼굴을 비스듬히 앞으로 내민다는 느낌으로 하자.
⚠ 191페이지

수영의 기본

수영모와 물안경 쓰는 법

머리카락 때문에 수영장이 지저분해지지 않도록 수영모를 반드시 쓰도록 하자. 그리고 물안경은 특별히 써야 한다는 규칙은 없지만, 물속이 잘 보이면 공포심이 줄어들며 소독약인 염소로부터 눈을 보호할 수 있다는 이점도 있다.

수영모 Cap

자신의 머리 사이즈에 맞는 수영모를 준비해 머리카락이 전부 수영모 안으로 들어가도록 쓴다. 수영모에서 머리카락이 빠져나오면 수영장에 머리카락이 떨어지기 쉬우므로 되도록 올바르게 쓰도록 하자. 머리카락이 길 때는 고무줄로 묶어서 수영모 속으로 집어넣자. 수영모를 쓰고 물속에 들어가면 풀사이드(Poolside)에서 잘 보이기 때문에 만에 하나 사고가 일어나도 즉시 위치를 확인하고 구조 활동을 펼칠 수 있다.

물안경 Goggles

물안경은 모양과 렌즈의 색 등에 따라 여러 종류가 있으므로 직접 써보고 자신의 눈 크기에 맞는 제품을 고르는 것이 중요하다. 먼저 물안경을 이마에 올리고 고무줄을 머리에 건다. 그리고 고무줄의 길이를 조절해 눈 주위에 맞추면서 렌즈를 가볍게 얼굴에 누른다. 물안경에 습기가 찰 때는 김 서림 방지제를 사용하자. 스프레이식과 앞에 스펀지가 붙어 있는 방식(오른쪽 사진) 등이 있다. 물안경 안쪽에 바른 다음 가볍게 물로 씻어 사용한다.

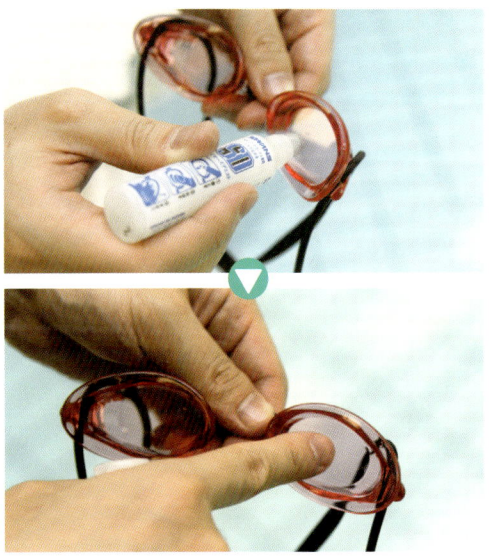

수영의 기본

연습에 사용하는 도구들

수영 연습을 할 때는 다양한 도구를 사용한다. 각 연습의 목적과 자신의 약점에 맞춰 사용하면 수영 실력을 향상시키는 데 도움이 된다. 또한 연습에 변화를 줘 집중력을 지속시키는 효과도 있다.

킥보드 Kick Board

주로 킥 연습을 할 때 사용한다. 양손을 뻗어 킥보드 위에 올려놓으면 상체가 뜨기 때문에 킥 연습에 집중할 수 있다. 또한 풀부이 대용으로도 사용할 수 있다.

미니 킥보드 Mini Kick Board

작은 크기의 킥보드는 불안정하기 때문에 스트림라인(Streamline)을 유지하는 연습에 사용한다. 또한 킥을 강하게 하지 않으면 앞으로 나아가지 않으므로 영력(泳力)과 근력 향상으로도 이어진다(사진의 파란 것).

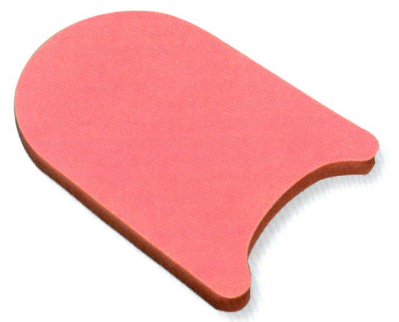

풀부이 Pull Buoy

움푹 파인 부분을 허벅지 사이에 끼워 가라앉기 쉬운 하체를 뜨게 한다. 하체가 떠서 안정되므로 풀 연습에 집중할 수 있다. 또한 풀 강화와 자세 교정에도 사용할 수 있다.

헬퍼 Waist Helper

몸이 가라앉을 때 허리에 감아 몸을 뜨게 한다. 몸이 뜨면 공포심이 약해져 안심하고 연습할 수 있다. 허리에 헬퍼를 대고 끈을 앞으로 감아 배 쪽에서 묶는다.

오리발 Fins

발에 신어 사용한다. 자신의 힘보다 강한 추진력을 얻을 수 있어 물속을 힘차게 나아가는 쾌감을 맛볼 수 있다. 또한 다리에 부담이 가기 때문에 각력(다리의 힘) 강화에도 도움이 된다.

풀판 Paddles

손에 끼우고 물을 젓는다. 물의 저항이 커지기 때문에 올바른 팔 동작을 익힐 수 있다. 또한 속도를 높여 수영하면 팔의 근력 트레이닝도 된다.

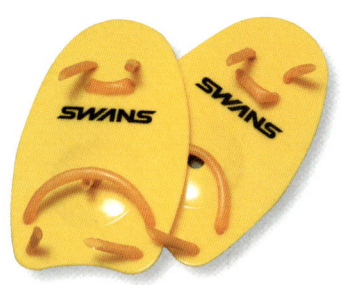

링 Ring

수영장 바닥에 놓고 줍는 연습 등에 사용한다. 물속에 오래 잠수해 몸을 컨트롤하는 능력을 익힐 수 있다. 친구와 경쟁하는 등 게임을 가미하면 기술을 즐겁게 습득할 수 있다.

튜브 Tube

속도 능력을 강화하는 연습에 사용한다. 허리에 감고 수영하며, 풀사이드에서 잡아당기게 한다. 한편 육상에서는 덤벨 대신 근력 트레이닝 도구로 사용한다.

Swimming Column

훈련 메뉴 짜기

헤엄을 칠 수 있게 되면 훈련 메뉴를 짜보도록 하자. 몸의 컨디션에 주의하며 무리하지 말고 어디까지나 자신의 영역에 맞추는 것이 중요하다. 또한 수영에서는 알파벳 약자를 자주 사용한다. 시간과 수고를 절약할 수 있으므로 기억해 두면 편리하다.

기본 구성

① Up
② k
③ 연습 메뉴
④ s
⑤ Down

- 워밍업→Up ● 킥→k ● 풀→p ● 수영→s ● 쿨다운→Down
- 심박수를 떨어뜨리는 가벼운 운동→E ● 부이→v ● 자유형→Fr
- 평영→Br ● 배영→Bk ● 접영→Fy ● 개인 혼영→IM

초급 | 수준별 훈련의 예

드릴을 생략하고, 그만큼 자유형을 올바르게 헤엄치는 데 주력한다.

Up	수중 워킹	25m×4회
Up	보빙	25m×2회
k	킥보드 킥	25m×2~4회
s	자유형	25m×4회
Down	수중 워킹	50m×1회

중급 | 수준별 훈련의 예

각각의 횟수를 늘린다.

Up	자유형	25m×6회 ※몸의 컨디션이나 손발의 운동범위를 확인하면서 천천히 수영한다.
k	자유형	25m×6회 ※Up보다 빠르게 1회 1회 올바른 자세로 수영한다.
E	천천히 걷기, 뜨기	50m×1회
연습 메뉴	서툰 항목을 집중적으로	25m×4회
S	자유형	25m×6회 ※6회 모두 같은 페이스(시간)로 수영하는 것을 목표로 삼는다.
Down	수중 워킹	100m×1회

상급 | 수준별 훈련의 예

시간과 거리를 설정한다.

Up	좋아하는 영법	50m×4회, 각 2분
k	개인 혼영	50m×4회, 각 2분 30초
E	천천히 걷기, 뜨기	50m×1회
p(v)	부이를 끼우고 좋아하는 영법	25m×8회, 각 60초
E	천천히 걷기, 뜨기	50m×1회

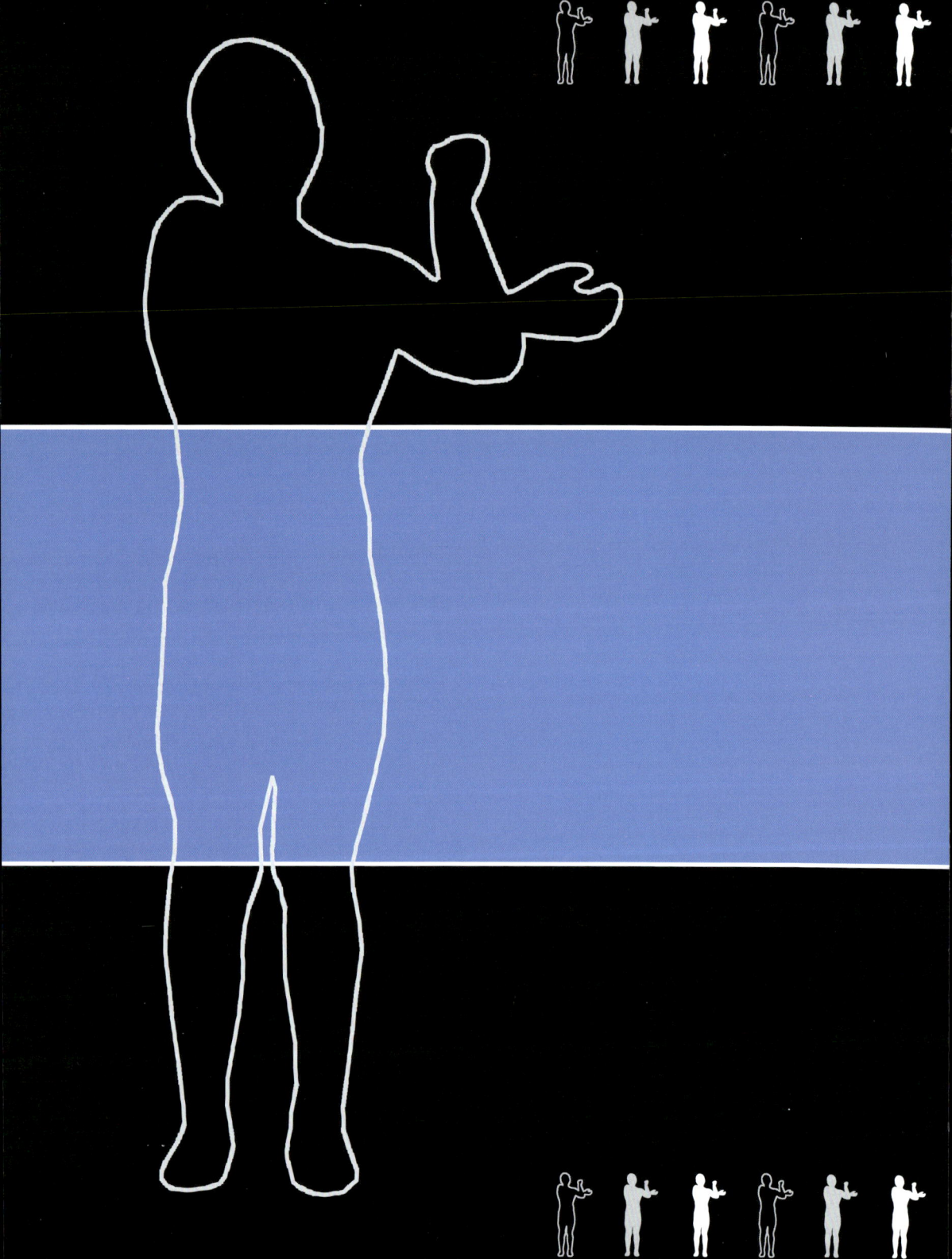

CHAPTER 02

물에 들어가기 위한 준비
READY TO SWIM

수영을 시작하기 전에 먼저 스트레칭과 물에 대한 공포심을 없애는 것부터 시작하자. 처음 물에 들어갈 때는 누구나 공포심이 있는 법이다. 물속 특유의 감각을 즐기면서 천천히 물에 익숙해지자.

코치의 한 마디!

왜 수영을 하는가?

여러분은 왜 수영을 하는가? 학교의 체육 수업 과제라서? 친구들이 권해서? 건강을 위해? 다이어트를 위해? 시작한 계기가 무엇이든 상관없다. 수영은 평생 계속할 수 있는 운동이다. 일단 수영을 할 수 있게 되면 한동안 하지 않더라도 잊어버리지 않는다.

ADVICE
물이 무서워서 망설이던 사람도 이 책을 읽고 공포심을 극복해 수영의 세계로 뛰어들자.

물의 특성

물속에서는 물의 '네 가지 특성'이 작용하기 때문에 지상에서 움직일 때와는 감각이 완전히 다르다. 이것은 물을 기피하는 원인이 되기도 하지만, 극복하면 물속 특유의 감각이 편안하게 느껴질 것이다.

- 부력: 물의 밑바닥에서 수면을 향해 작용하는 힘
- 저항: 몸의 움직임과는 반대 방향으로 가해지는 힘
- 수압: 물속 여기저기에서 가해지는 압력
- 수온: 물의 온도(대체로 기온보다 낮다.)

물속 특유의 감각을 즐기며 물에 대한 공포심을 극복한다

처음에 수영장에 들어갈 때는 불안감이 크다. 물속에는 지상에서 체험할 수 없는 '부력'이나 '물의 저항', '수압'이 있기 때문에 몸이 생각처럼 움직이지 않는다. 그러나 그와 같은 요소가 있기 때문에 물속에서 걷거나 점프하면 체중을 느끼지 못하고 가볍게 움직이는 감각을 맛볼 수 있다. 특히 아이들은 어른과 함께 놀면서 물에 점점 익숙해져 물속 특유의 감각을 즐기게 될 것이다.

지도자의 마음가짐은 '말 걸기', '스킨십', '조금씩'

물을 두려워하는 사람에 대해 지도자가 명심해야 할 중요한 키워드는 세 가지다. 그 키워드는 바로 '말 걸기', '스킨십', '조금씩'이다. 가르치는 사람이 말을 걸고 몸을 접촉하며 보조를 해주면 배우는 사람은 안심이 된다. 그리고 마지막 난관은 '얼굴을 물에 담그는 것'인데, 그때 얼굴을 갑자기 밀어 넣는 것은 좋지 않다. 가능한 부분부터 천천히, 예를 들어 입→코→눈→이마→얼굴 전체의 순서로 조금씩 단계적으로 얼굴을 담그게 하면 좋다.

스트레칭으로 몸을 푼다

이제 물에 대한 두려움을 어느 정도 극복했는가? 아무리 그래도 물에 빨리 들어가고 싶은 기분은 꼭 참기 바란다. 수온이 갑자기 낮은 물에 들어가면 심장에 부담이 가서 매우 위험하다. 따라서 먼저 스트레칭으로 몸을 풀도록 하자. 하지만 수영은 전신 운동이기 때문에 스트레칭을 지칠 정도로 하면 안 된다. 땀이 살짝 나고 몸이 적당히 덥혀질 정도가 적당하다. 그리고 이완시킬 부위를 의식하며 몸을 천천히 늘려 준다. 또한 입수 전에는 반드시 샤워를 하자. 몸을 깨끗이 하는 것은 물론, 물속에 온몸을 담그기 전에 몸이 수온에 익숙해지도록 하는 의미도 있다.

게임을 즐기면서 자연스럽게 다양한 동작을 한다

다음으로 수영장 연습에서 빼놓을 수 없는 킥보드 게임이 있다. 킥보드를 이용해 물의 저항을 느끼며 물속을 걸어가 물속 특유의 감각에 익숙해지자. 물에 익숙해지면 술래잡기나 캐치볼, 수구 놀이 등의 게임을 즐긴다. 놀면서 물속에서 자연스럽게 달리고 점프하고 잠수하게 되므로 물에 익숙해지는 데 더욱 효과적이다. 이 책에서 소개하는 게임 이외에도 다양한 놀이를 만들 수 있다. 다만 수영장에서 연습하는 다른 사람에게 피해를 주는 행위는 절대 금물이다.

 **LESSON 001** | 스트레칭

목 스트레칭①

·시간 | 각 15~20초

목적 ≫ 목의 앞뒤를 늘리는 스트레칭이다. 목 주위가 유연해지면 어깨의 운동범위도 넓어진다.

POINT TIP!
손으로 부드럽게 누르면서 호흡을 멈추지 말고 천천히 늘려 나가자.

 민감한 부위이므로 급격한 움직임은 금물이다. 특히 처음에는 상태를 살피면서 늘리기 바란다.

| 양손을 후두부에 대고 아래로 누른다.
| 양손을 턱 아래 대고 위로 누른다.

 **LESSON 002** | 스트레칭   중급 상급

목 스트레칭②

·시간 | 각 15~20초

목적 ≫ 목의 옆부분을 늘리는 스트레칭이다. 부상을 방지함과 동시에 호흡도 원활해진다.

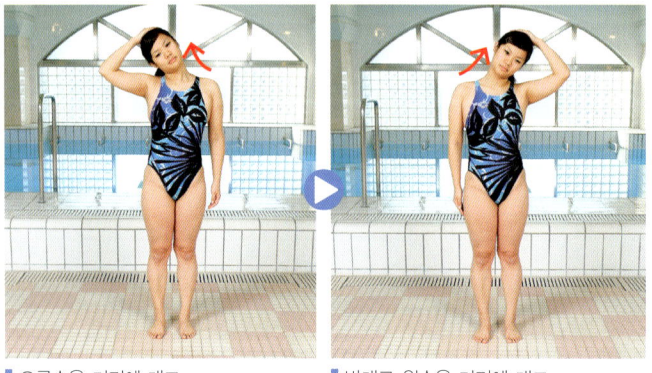

POINT TIP!
어깨가 전후좌우로 움직이지 않도록 지면과 수평을 유지하면서 천천히 기울이자.

 늘리는 쪽의 어깨가 올라가기 쉬우므로 어깨를 내린다는 느낌으로 하면 좋다.

| 오른손을 머리에 대고 오른쪽 아래로 기울인다.
| 반대로 왼손을 머리에 대고 왼쪽 아래로 기울인다.

 **LESSON 003** | 스트레칭　　　초급　중급　상급

목 스트레칭③

· 횟수 | 좌우 1바퀴×2세트

목적 》》 목 전체의 유연성을 향상시키는 스트레칭이다. 목 주위를 풀어주면 어깨의 힘이 빠져 긴장을 풀 수 있다.

POINT TIP!
호흡을 멈추지 않고 좌우 균등하게 천천히 돌리도록 하자.

NG! 목의 움직임과 함께 몸이 흔들리지 않도록 주의하자. 어깨를 움직이지 않는 것이 포인트다.

▍몸의 힘을 빼고 똑바로 서서 목을 좌우로 돌린다.

 **LESSON 004** | 스트레칭　　　초급　중급　상급

목 스트레칭④

· 시간 | 각 15~20초

목적 》》 목의 양쪽 뒤를 늘리는 스트레칭이다. 어깨에서 견갑골에 걸친 근육을 풀어준다.

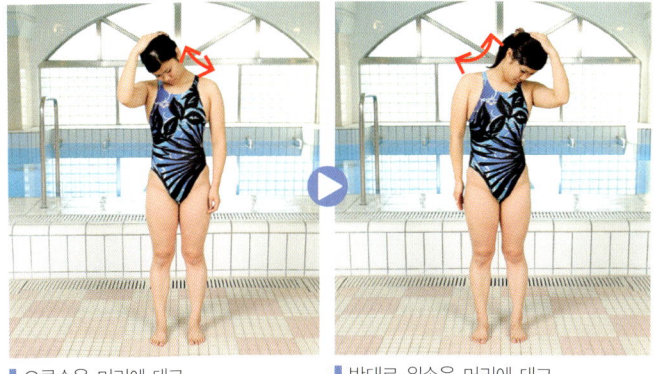

POINT TIP!
견갑골 주변의 근육이 늘어나도록 스트레칭을 하며, 통증을 느끼기 전에 멈추자.

NG! 머리를 대각선 아래로 기울일 때 등이 굽으면 안 된다. 등을 꼿꼿하게 펴는 것이 기본이다.

▍오른손을 머리에 대고 오른쪽 대각선 아래로 기울인다.

▍반대로 왼손을 머리에 대고 왼쪽 대각선 아래로 기울인다.

LESSON 005 | 스트레칭

초급　중급　상급

어깨 스트레칭①

· 횟수 | 좌우 5바퀴×2세트

목적 »» 어깨 주위의 근육을 유연하게 하는 스트레칭이다. 어깨가 부드럽게 움직이면 수영 자세도 예뻐진다.

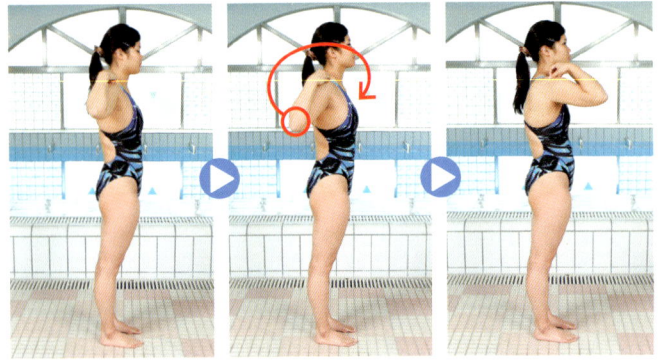

POINT TIP!
어깨의 위치는 되도록 움직이지 말고, 팔꿈치로 원을 그리듯이 리드하면서 천천히 크게 돌린다. 이때 견갑골이 움직이도록 스트레칭을 하기 바란다. 앞으로 돌리기를 했으면 같은 요령으로 뒤로 돌리기도 하자.

▌팔꿈치를 굽혀 손가락 끝을 어깨에 대고, 팔꿈치로 커다란 원을 그린다는 느낌으로 어깨를 앞으로 돌린다.

LESSON 006 | 스트레칭

초급　중급　상급

어깨 스트레칭②

· 횟수 | 좌우 5바퀴×2세트

목적 »» 어깨를 중심으로 팔, 가슴, 등의 근육을 풀어주는 스트레칭이다. 어깨의 운동범위가 넓어져 역동적인 스트로크가 가능해진다.

POINT TIP!
팔을 돌리는 도중에 팔꿈치가 구부러져 자세가 나빠지지 않도록 주의하자. 견갑골부터 크게 움직이도록 신경 쓰며, 어깨와 팔, 가슴, 등의 근육에 집중한다. 앞으로 돌리기를 했으면 같은 요령으로 뒤로 돌리기도 한다.

▌팔을 똑바로 펴고 어깨를 최대한 크게 천천히 앞으로 돌린다.

LESSON 007 | 스트레칭

고관절 스트레칭

초급 중급 상급

· 횟수 | 안팎×5~10회

목적 ⫸ 고관절(엉덩이관절)은 운동을 할 때 중요한 부위다. 이 부위가 유연해지면 손발의 연동성이 좋아진다.

▌한쪽 손으로 벽을 짚고 몸을 지탱한 상태에서 한쪽 다리를 들고
▌고관절과 무릎의 각도를 약 90도로 유지하며 바깥쪽으로 돌린다.

▌같은 요령으로 고관절과 무릎의 각도를 약 90도로 유지하며 안쪽으로 돌린다.

POINT TIP!
어떤 운동이든 고관절의 유연성은 중요하다. 일상생활에서는 그다지 사용하지 않는 부위이므로 그대로 방치하면 나이를 먹으면서 점점 굳어진다. 평소에 의식적으로 움직여 주도록 하자.

 고관절이 뻣뻣하면 킥을 할 때 부상을 입기 쉬우므로 주의해야 한다. 고관절이 뻣뻣한 사람은 처음에는 동작을 작게 시작해서 서서히 크게 움직여 나가자.

LESSON 008 | 스트레칭

무릎 스트레칭①

초급 중급 상급

· 횟수 | 5~10회

목적 »» 무릎을 중심으로 발목도 유연하게 하는 스트레칭이다. 하체의 유연성은 효율적인 킥으로 이어진다.

똑바로 서서 몸을 앞으로 굽히고 양 무릎에 양손을 댄다.

호흡을 멈추지 말고 무릎을 천천히 굽힌다.

POINT TIP!
발목이 뻣뻣한 사람은 무릎을 굽히는 각도가 작아도 상관없다. 가능한 범위에서 스트레칭을 하기 바란다.

NG! 무릎을 굽혔을 때 발꿈치가 들리면 스트레칭의 효과가 반감되므로 주의하자.

LESSON 009 | 스트레칭

무릎 스트레칭②

초급 중급 상급

· 횟수 | 좌우 5바퀴×2세트

목적 »» 무릎 주위의 근육을 유연하게 하는 스트레칭이다. 원활한 킥을 위해서는 무릎의 유연한 움직임이 필요하다.

POINT TIP!
발바닥을 바닥에 확실히 붙여 발꿈치가 뜨지 않도록 주의하기 바란다. 오른쪽과 왼쪽 모두 똑같은 횟수로 돌린다. 처음에는 상태를 보면서 천천히 해도 괜찮다. 익숙해지면 서서히 빠르게 돌려 보자.

똑바로 서서 몸을 앞으로 굽히고 양 무릎에 양손을 댄다.
무릎을 가볍게 굽혀 좌우로 돌린다.

LESSON 010 | 스트레칭

허리 스트레칭①

· 횟수 | 좌우 5바퀴×2세트

목적 ⫸ 허리는 스트로크와 킥의 핵심이 되는 부위다. 허리가 유연하면 몸의 움직임이 원활해진다.

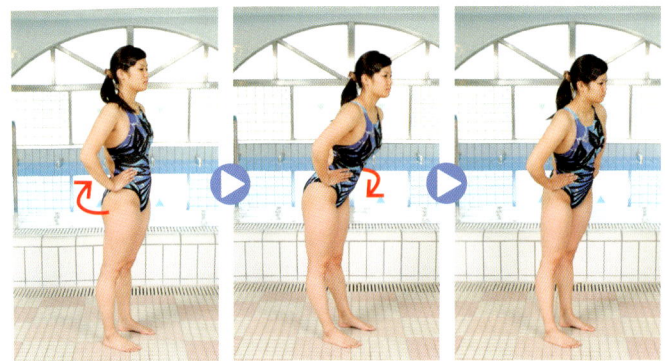

POINT TIP!
수영은 물론, 모든 운동에서 허리는 가장 중요한 부위다. 부상을 방지하기 위해서라도 허리 스트레칭에 공을 들이기 바란다. 다만 요통이 있는 사람은 무리하지 말고 몸 상태를 봐가면서 조절하자.

다리를 어깨너비로 벌리고 똑바로 서서 손은 허리에 대고
허리를 좌우로 천천히 빙빙 돌린다.

LESSON 011 | 스트레칭

허리 스트레칭②

· 횟수 | 2회
· 시간 | 각 5~10초

목적 ⫸ 허리를 중심으로 몸 전체를 유연하게 하는 스트레칭이다. 몸의 앞쪽과 뒤쪽 근육을 펴줄 수 있다.

POINT TIP!
몸을 앞으로 기울일 때는 허벅지 뒤쪽부터 등근육을 의식하고, 상체를 뒤로 넘길 때는 허벅지 앞쪽에서 가슴근육을 의식하자.

 반동을 주며 동작을 하면 허리를 다칠 수 있다. 동작의 범위를 천천히 늘리다가 통증을 느끼기 직전에 멈춘다.

다리를 어깨너비로 벌리고 서서,
상체를 천천히 앞으로 기울인다.

호흡을 멈추지 말고 상체를 천천히
일으켜 뒤로 넘긴다.

LESSON 012 | 스트레칭
장딴지 스트레칭

- 횟수 | 좌우 2회
- 시간 | 각 10~20초

목적 >>> 장딴지에서 아킬레스건에 걸친 부위의 스트레칭이다. 킥을 할 때 자주 사용하는 부위이므로 확실히 풀어주자.

앞으로 내디딘 발의 무릎에 양손을 대고 체중을 실으며 장딴지와 아킬레스건을 늘린다.

POINT TIP!
허벅지의 파워를 효율적으로 물에 전달하기 위해서는 무릎 아래의 유연한 움직임이 필요하다.

 앞발과 뒷발이 팔(八)자가 되면 올바른 스트레칭이 되지 못한다. 발끝을 무릎 방향에 맞춘다.

LESSON 013 | 스트레칭
허벅지 스트레칭

- 횟수 | 좌우 2회
- 시간 | 각 10~20초

목적 >>> 허벅지의 앞쪽 근육과 발목을 유연하게 하는 스트레칭이다. 확실히 늘려주면 킥의 힘이 향상된다.

왼손으로 벽을 짚고 왼발로 서서 오른손으로 오른 발등을 잡고 발꿈치를 엉덩이에 댄다. 왼발도 똑같이 반복한다.

POINT TIP!
허벅지는 킥의 파워를 생성하는 부위다. 유연해지면 더욱 힘찬 킥을 할 수 있다.

 무릎이 앞으로 나오면 근육이 충분히 늘어나지 않으므로 무릎이 바닥을 수직으로 향하도록 주의하자.

LESSON 014 | 스트레칭

팔 스트레칭

초급 · 중급 · 상급

· 횟수 | 좌우 2회
· 시간 | 각 10~20초

목적 》》 팔의 앞쪽과 뒤쪽 근육을 풀어주는 스트레칭이다. 부드러운 스트로크를 위해서는 유연한 팔 근육이 필요하다.

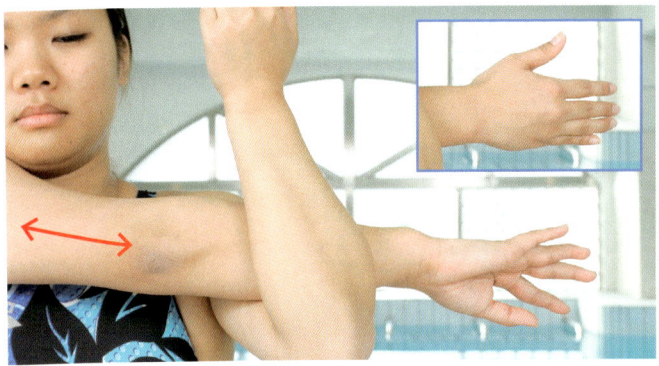

POINT TIP!
늘리는 쪽 팔의 손바닥의 위치를 바꾸면 팔 전체의 근육을 스트레칭 할 수 있다(작은 사진).

NG! 늘리는 쪽 팔이 아래로 처지거나 반동을 줘서는 안 된다. 또한 허리도 함께 돌리면 효과를 볼 수 없다.

한쪽 팔을 몸쪽으로 곧게 펴고
다른 한쪽 팔로 누르며 가슴으로 끌어당긴다.

LESSON 015 | 스트레칭

어깨 관절 스트레칭

초급 · 중급 · 상급

· 횟수 | 좌우 2회
· 시간 | 각 10~20초

목적 》》 어깨 관절을 유연하게 하는 스트레칭이다. 어깨 관절의 운동범위가 넓어지면 스트로크가 편해진다.

POINT TIP!
좌우로 번갈아 스트레칭을 해보면 어느 한 쪽의 손이 겹쳐지지 않아 유연성에 좌우 차이가 있다고 생각할 수 있다. 균형 잡힌 폼을 익히려면 최대한 좌우 차이를 없애는 것이 좋다. 안 되는 쪽을 중점적으로 스트레칭하기 바란다.

한쪽 팔은 등에서, 다른 한쪽 팔은 허리에서 등으로 돌려
양손을 겹친다.

 **LESSON 016** | 스트레칭　　　초급　중급　상급

손목 스트레칭

· 횟수 | 좌우 5바퀴×2세트

목적 >>> 스트로크에는 손목의 유연성이 필요하다. 유연한 손목은 정확한 캐치에 도움이 된다.

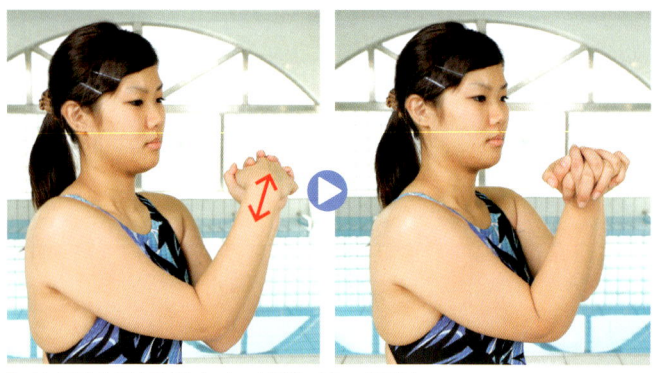

POINT TIP!
유연성이 있는 근육은 조정력도 향상되기 때문에 자신이 생각하는 대로 움직일 수 있다.

NG! 손목을 돌리는 데 너무 집중하면 힘이 들어가고 만다. 되도록 힘을 빼고 하기 바란다.

가슴 앞에서 양손을 깍지 끼고 손목을 좌우로 똑같이 균등하게 돌린다.

 **LESSON 017** | 스트레칭　　　초급　중급　상급

등 스트레칭

· 횟수 | 2회
· 시간 | 15~20초

목적 >>> 등과 견갑골 주위를 유연하게 하는 스트레칭이다. 이 부위가 유연하면 스트로크 자세가 깔끔해진다.

POINT TIP!
스트레칭은 늘리는 근육을 의식하는 것이 중요하다. 여기에서는 견갑골을 의식하도록 하자.

NG! 팔을 앞으로 뻗는 것이 아니라 견갑골을 벌린 결과 팔이 앞으로 뻗는다는 느낌이 정확하다.

다리를 어깨너비로 벌리고 무릎을 살짝 굽힌다.
양손을 앞에서 깍지 끼고 견갑골을 천천히 벌린다.

LESSON 018 | 스트레칭

초급 중급 상급

발목 스트레칭①

· 횟수 | 좌우 5바퀴×2세트

목적 »» 발목을 유연하게 하는 스트레칭이다. 유연한 발목은 채찍처럼 휘어지는 킥을 하기 위해 필요하다.

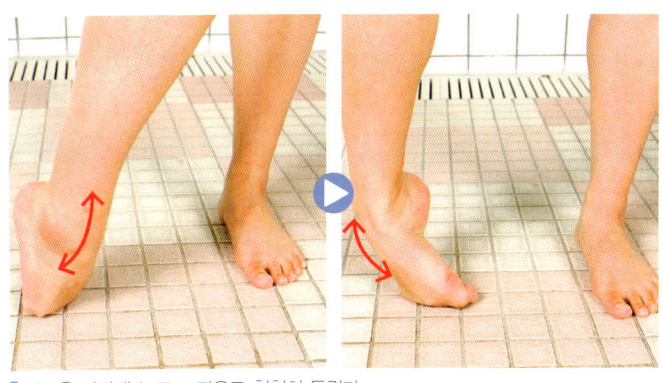

POINT TIP!
발목을 확실히 스트레칭하면 발에 쥐가 나는 것을 방지할 수도 있다.

 발바닥을 바닥에 댄 상태에서는 효과가 반감된다. 발끝을 세우고 발등을 확실히 늘려주자.

발끝을 바닥에 누르고 좌우로 천천히 돌린다.
한쪽씩 양쪽 모두 똑같은 횟수를 실시한다.

LESSON 019 | 스트레칭

초급 중급 상급

발목 스트레칭②

· 횟수 | 1회
· 시간 | 15~20초

목적 »» 발목을 부드럽게 하는 스트레칭이다. 채찍이 휘는 듯한 킥을 목표로 삼자.

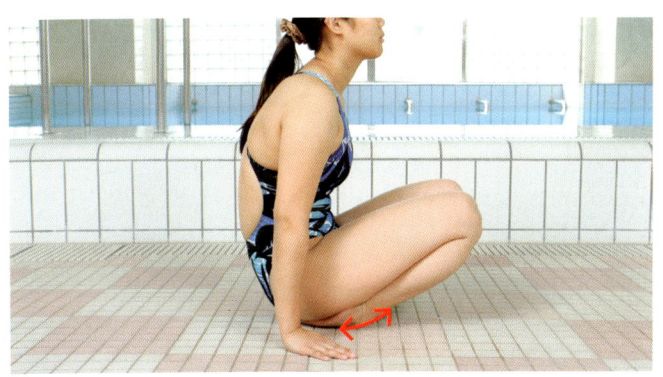

POINT TIP!
상급자를 위한 스트레칭이다. 무릎을 높이 올리면 부담이 더욱 커진다. 발목이 뻣뻣한 사람은 무리하지 말고 아픔을 느끼기 직전에 멈추자. 참고로 수영 선수는 발목이 놀랄 만큼 유연하다.

무릎을 모으고 정좌를 한다. 양손으로 몸을 받치고
무릎을 모은 채 발목으로 들어올린다.

LESSON 020 | 물에 익숙해지기 　　　초급　중급　상급

샤워하기

· 시간 | 약 1분

목적 》》 수영장의 물이 지저분해지지 않기 위해 몸을 깨끗이 한다. 또한 심장에 주는 부담을 줄이고 물에 익숙해지려는 목적도 있다.

물의 온도가 갑자기 바뀔 때도 있으므로 처음에는 손을 대서 온도를 조절한다.

손에 물을 담아 얼굴을 씻는다.

상체를 씻으며 물에 익숙해진다.

마지막으로 머리부터 물을 끼얹어 온몸이 물에 익숙해지도록 한다.

POINT TIP!
되도록 오래 샤워를 해서 몸을 깨끗이 씻으면서 물에 익숙해지고 마음의 준비를 한다. 아이가 물에 공포심이 있다면 말을 걸면서 함께 샤워를 하기 바란다.

 몸이 물에 익숙하지 않은 상태에서 곧바로 수영장에 들어가면 심장에 부담을 줘서 사고로 이어질 수 있다. 안전을 위한 것임을 의식하자.

LESSON 021 | 물에 익숙해지기

풀사이드에서 물 끼얹기

초급 중급 상급

· 시간 | 약 3분

목적 >>> 물에 대한 공포심을 누그러뜨리는 동시에 수영장의 수온에 몸이 익숙해지도록 한다.

풀사이드에 웅크리고 앉아
발에 물을 적신다.

풀사이드에 걸터앉아
배에 물을 적신다.

가슴, 어깨에
물을 적신다.

머리, 등에
물을 적신다.

POINT TIP!
물에 들어가기 전에 몸이 수영장의 수온에 익숙해지도록 수영장의 물을 몸에 끼얹는다. 물은 무서운 것이 아님을 확인시키고, 익숙해지면 서로 물을 끼얹어 주는 식으로 놀이 요소를 가미하자.

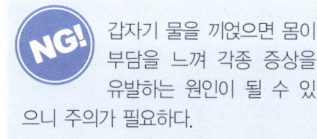 갑자기 물을 끼얹으면 몸이 부담을 느껴 각종 증상을 유발하는 원인이 될 수 있으니 주의가 필요하다.

CHAPTER 02 물에 들어가기 위한 준비 | 49

LESSON 022 | 물에 익숙해지기

풀사이드에 걸터앉아 킥하기

· 시간 | 10~15초×2세트

목적 ≫ 물을 차는 동작으로 물에 익숙해진다. 자신의 눈으로 보면서 물장구의 기본을 익힌다.

풀사이드에 걸터앉아 손을 뒤쪽에 대고 몸을 지탱한다.
발목을 뻗어 교대로 움직인다.

무릎이 구부러지면 몸에 힘이 들어간다.
무릎이 굽은 상태에서는 물을 차며 나아갈 수 없다.

발목이 굽혀지는 것은 평영의 킥뿐이다.
발목을 뻗어 발등으로 물을 차는 감각을 익힌다.

POINT TIP!
물에 익숙해지는 것이 목적이므로 세세한 기술적인 지도는 최소한으로 줄이자. 보조해주는 사람이 물속에 들어가 발목을 잡고 '하나, 둘' 소리를 내면서 움직이는 법을 가르쳐주는 것도 좋다.

 무릎과 발목이 구부러지면 물을 차서 추진력을 얻을 수 없다. 또한 무릎이 구부러지면 몸에 불필요한 힘이 들어간다.

LESSON 023 | 물에 익숙해지기

입수

목적 »» 물에 들어갈 때 벽을 보면 안심이 된다. 물을 무서워하지 않고 입수할 수 있게 된다.

POINT TIP!
물을 무서워하는 아이는 주위에 잡을 수 있는 것이 있으면 안심하고 물에 들어갈 수 있다.

NG! 앞을 향해서 입수하는 것은 위험하다. 안전을 위해 반드시 앉은 상태에서 뒤를 향하고 입수하자.

| 풀사이드에 걸터앉아 뒤를 향해 손을 짚는다.
| 팔로 몸을 지탱하면서 천천히 물에 들어간다.

LESSON 024 | 물에 익숙해지기

풀사이드 점프

· 횟수 | 2회

목적 »» 물속에서의 감각을 익히고 즐기면서 물에 익숙해질 수 있다.

POINT TIP!
물을 좋아하게 되는 것이 중요하다. 풀사이드에 손을 짚으면 안심하고 움직일 수 있다.

NG! 아이는 사소한 일로 물을 무서워하게 될 수 있으니 주의 깊게 지켜보자.

| 풀사이드에 손을 짚고 어깨까지 물에 담근다.
| 수영장 바닥을 차며 힘차게 점프한다.

CHAPTER 02 물에 들어가기 위한 준비 | 51

 **LESSON 025** | 물에 익숙해지기

앞으로 걷기

· 횟수 | 25m×2회
· 시간 | 약 5분

목적 >>> 불안감을 느끼지 않고 물의 감촉과 저항을 확인할 수 있다.

POINT TIP!
몸을 어깨까지 물에 담그고 보폭을 넓게 해서 걸으면서 온몸으로 물의 감촉을 확인하는 것이 포인트다.

NG! 발의 움직임에 맞춰 팔도 앞뒤로 크게 젓는다. 다만 팔이 수면 위로 나오지 않도록 주의하자.

몸을 어깨까지 물에 담그고 앞을 향해 걷는다.

보폭을 최대한 넓게 하며 걷는다.

 LESSON 026 | 물에 익숙해지기

뒤로 걷기

· 횟수 | 25m×2회
· 시간 | 약 5분

목적 >>> 물의 감촉과 저항을 재확인하며 공포감을 극복한다.

POINT TIP!
뒤를 향해 걷는 것에 불안감을 느끼는 사람도 있다. 보폭을 좁게 하면 공포심이 줄어든다.

NG! 뒤를 돌아보며 걸어서는 안 된다. 온몸으로 물의 감촉과 저항을 느끼면서 걷자.

몸을 어깨까지 물에 담그고 뒤를 향해 걷는다.

보폭을 좁게 해서 걷는다.

 LESSON **027** | 물에 익숙해지기

옆으로 걷기①-오픈 스텝

· 횟수 | 25m×2회
· 시간 | 약 5분

목적 ⟫⟫ 평소에 움직이지 않는 근육을 사용해 무리 없이 수영할 수 있는 몸으로 만든다.

앞발을 옆으로 내딛고
양손을 벌린다.

뒷발을 끌어당기며
양손을 내린다.

POINT TIP!
반대 방향으로도 똑같은 요령으로 실시하자. 준비 운동으로도 도움이 되는 연습 메뉴다.

 몸을 어깨까지 물에 담그지 않으면 온몸으로 물의 저항을 느끼지 못한다. 손발을 크게 움직이자.

 LESSON **028** | 물에 익숙해지기

옆으로 걷기②-크로스 스텝

· 횟수 | 25m×2회
· 시간 | 약 5분

목적 ⟫⟫ 평소에 움직이지 않는 근육을 사용해 수영할 수 있는 상태의 몸을 만들 수 있다.

양팔을 옆으로 곧게 벌리고
다리를 크게 벌린다.

다리를 교차시키면서
옆으로 걷는다.

POINT TIP!
반대 방향으로도 같은 요령으로 실시한다. 이 연습 메뉴는 준비 운동도 된다.

양팔이 수면 위로 올라오지 않도록 주의하자. 손발을 크고 리드미컬하게 움직이기 바란다.

LESSON 029 | 물에 익숙해지기
한 발씩 점프하기

초급 중급 상급

· 횟수 | 25m×2회
· 시간 | 약 5분

목적 ⟫⟫ 한쪽 발로 번갈아 점프하면서 앞으로 나아가 물속에 몸이 뜨는 감각을 체험한다.

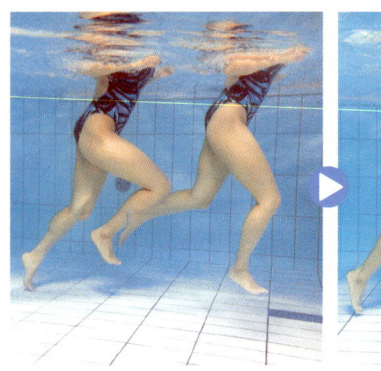

POINT TIP!
수직으로 점프하는 것이 아니라 앞으로 비스듬히 뛰어오르면 물속을 뜨며 나아가는 감각을 느낄 수 있다.

 무릎을 편 상태로 착지하면 다음 점프를 하지 못한다. 무릎의 반동을 이용하자.

▌한 발씩 번갈아 점프하면서 앞으로 나아간다.

LESSON 030 | 물에 익숙해지기
양발로 점프하기

초급 중급 상급

· 횟수 | 25m×2회
· 시간 | 약 5분

목적 ⟫⟫ 양발로 점프하면서 앞으로 나아가 물속에서 몸이 뜨는 감각을 체험한다.

POINT TIP!
무릎을 편 상태로 착지하면 다음 점프를 하지 못해 움직임이 끊어진다. 항상 무릎의 반동을 이용해 부드럽게 점프하자. 여유가 있다면 팔의 움직임도 함께하면 좋다.

▌양 무릎을 많이 굽히고 양손으로 물을 밀면서 대각선 앞으로 점프한다.
▌그리고 무릎을 굽힌 상태로 착지한다.

LESSON 031 | 물에 익숙해지기   초급 중급 상급

킥보드를 가로로 들고 걷기

· 횟수 | 25m×2회
· 시간 | 약 5분

목적 »» 킥보드로 물의 저항을 만들어 팔을 젓는 데 사용하는 가슴 근육을 단련한다.

POINT TIP!
상당한 수압을 느끼기 때문에 근력 트레이닝은 물론 물의 저항을 체험하는 연습도 된다.

NG! 킥보드가 수면에 대해 수직이 되도록 들지 않으면 최대 수준의 수압을 느낄 수 없다.

▌킥보드를 수면에 대해 수직으로 든다.   ▌팔을 곧게 편 채 앞으로 걷는다.

LESSON 032 | 물에 익숙해지기   초급 중급 상급

킥보드를 앞뒤로 밀고 당기면서 걷기

· 횟수 | 25m×2회
· 시간 | 약 5분

목적 »» 킥보드로 저항을 만듦으로써 가슴 근육을 단련해 힘차게 풀을 할 수 있게 된다.

POINT TIP!
물의 저항에 대해 밀고 당김으로써 팔굽혀펴기와 같은 효과를 얻을 수 있다.

NG! 킥보드를 밀 때 팔꿈치가 구부러지면 근력 트레이닝이 되지 않으니 주의하자.

▌킥보드를 든 손을 앞으로 민다.   ▌킥보드를 몸쪽으로 당기면서 걷는다.

LESSON 033 | 물에 익숙해지기

초급 중급 상급

킥보드를 아래로 밀면서 걷기

· 횟수 | 25m×2회
· 시간 | 약 5분

목적 》》 킥보드로 저항을 만들어 피니시에 필요한 상완삼두근을 단련한다.

킥보드를 수면에 대해
수평으로 든다.

킥보드를 수직 아래로
밀면서 걷는다.

POINT TIP!
킥보드를 아래로 미는 동작에서 팔을 곧게 펼 때 사용하는 상완삼두근을 단련할 수 있다.

NG! 킥보드를 수직 아래로 밀지 않으면 강한 저항을 얻을 수 있다. 팔로만 밀어 근육을 효과적으로 단련하자.

LESSON 034 | 물에 익숙해지기

초급 중급 상급

킥보드를 끌어안고 뜨기

· 횟수 | 10회×2세트

목적 》》 균형을 잡기 위한 복근이 단련되어 스트림라인을 유지할 수 있게 된다.

킥보드를 끌어안고 몸을 어깨까지 물에 담근다.
그 다음 점프하지 말고 몸을 띄우며 허벅지를 킥보드에 가까이 가져간다.

POINT TIP!
수영에서 가장 중요한 것은 손끝부터 발끝까지 일직선으로 만든 스트림라인을 유지하는 것이다. 스트림라인을 유지하는 데 필요한 근육은 복근과 배근인데, 특히 복근은 가라앉기 쉬운 하체를 뜨게 하는 중요한 근육이다.

킥보드에 앉아 스컬링하기

· 횟수 | 25m×2회

목적 》》 손바닥을 이용한 작은 풀만으로도 물을 캐치하면 앞으로 나아감을 실감한다.

▌킥보드에 앉아 손을 '∞' 모양으로 움직이며 균형을 잡는다.

▌손을 몸 앞으로 움직이거나 옆으로 움직이며 앞뒤로 나아간다.

POINT TIP!
스컬링(Sculling)으로 물을 캐치하는 감각을 갈고닦는 연습 메뉴. 동작이 올바르면 앞뒤로 나아갈 수 있을 것이다. 손만을 이용해 풀을 해도 물을 정확히 캐치하면 추진력을 얻을 수 있다.

 몸의 균형이 나쁘면 킥보드에 앉지 못한다. 먼저 손의 스컬링을 이용해 몸을 안정시키는 것부터 시작한다.

LESSON 036 | 물에 익숙해지기　　　초급　중급　상급

술래잡기

· 시간 | 약 10분

목적 》》 커뮤니케이션을 하면서 앞, 옆, 뒤로 움직일 수 있게 된다.

POINT TIP!
전원이 헤엄치지 않고 걸어서 이동하는 것이 포인트다. 놀면서 자연스럽게 앞, 옆, 뒤로 움직일 수 있게 되며, 물속에 있는 것이 즐거워지는 연습 메뉴다. 규칙을 자유롭게 변경해도 좋다.

술래는 10초를 세고 출발하며, 다른 사람들은 술래에게 잡히지 않도록 도망친다.

LESSON 037 | 물에 익숙해지기　　　초급　중급　상급

캐치볼하기

· 시간 | 약 10분

목적 》》 즐겁게 놀면서 점프 등의 동작을 할 수 있게 된다.

POINT TIP!
처음에는 상대방의 가슴을 향해 약하게 던진다. 그 다음 익숙해지면 조금씩 어려운 장소로 던져서 전후좌우로 상대를 움직이게 한다. 여러 가지 규칙을 만드는 등 게임을 가미해도 재미있다.

수영장 안에서 서로 마주 보고 캐치볼을 한다.

 **LESSON 038** | 물에 익숙해지기

수구(水球) 놀이

· 시간 | 약 20분

목적 ⟫ 게임을 즐기면서 물속을 자유롭게 움직일 수 있게 된다.

POINT TIP!
먼저 과녁과의 거리를 짧게 해서 시작한다. 이때 과녁을 방해하는 사람은 없어도 무방하다. 익숙해지면 서서히 거리를 늘리고 과녁을 방해하는 사람과의 승부를 즐겨보자. 그러다 보면 자연스럽게 물속에서 움직일 수 있게 된다.

풀사이드에 킥보드를 세워서 과녁으로 만들고, 과녁을 공으로 맞히는 사람과 이것을 방해하는 사람으로 나눈다.

 LESSON 039 | 물에 익숙해지기

수중 농구

· 시간 | 약 20분

목적 ⟫ 게임을 즐기면서 다양한 움직임이 가능해진다.

POINT TIP!
게임을 가미한 연습 메뉴는 물에 공포심이 있는 사람에게 최적이다. 즐겁게 노는 사이에 물에 익숙해지며, 수영에 필요 없는 여러 가지 동작을 할 수 있게 된다. 최대한 움직임을 크게 하도록 의식하기 바란다.

골 역할을 하는 사람에게 공을 던지고, 한 사람은 골이 들어가지 않도록 방해를 한다.

LESSON 040 | 물에 익숙해지기　　초급

기차놀이

· 횟수 | 25m×2회

목적 »» 모두 함께 발을 맞춰 리듬감과 점프 감각을 키운다.

POINT TIP!
커뮤니케이션을 하면서 즐겁게 물에 친숙해질 수 있는 연습 메뉴다. 앞사람의 움직임에 맞춤으로써 리듬감과 점프 감각을 배우는 동시에 조정력도 익힐 수 있다. 앞사람과 떨어지지 않도록 주의하자.

앞사람의 어깨를 잡고 여러 명이 한 줄로 걷는다.

LESSON 041 | 물에 익숙해지기　　초급

특급열차 놀이

· 횟수 | 25m×2회

목적 »» 커뮤니케이션을 하면서 물속을 나아가는 수영의 진수를 체험할 수 있다.

POINT TIP!
헤엄을 못 치는 사람이라도 물속을 나아가는 수영 특유의 감각을 간단히 즐길 수 있는 연습 메뉴다. 기차놀이에 비해 속도감을 맛볼 수 있다.

앞사람의 어깨를 잡고 물장구를 친다.

LESSON 042 | 물에 익숙해지기

손바닥에 얼굴 담그기

· 횟수 | 1회

목적 >>> 공포심 때문에 물에 얼굴을 담그지 못하는 아이가 물은 무섭지 않음을 직접 체험할 수 있다.

숨을 들이마신 뒤 멈추고, 지도자가 손에 뜬 물에 얼굴을 담근다.

POINT TIP!
물을 무서워하는 아이에게 수영장은 상상 이상으로 넓게 느껴지기 마련이다. 지도자가 손바닥으로 작은 수영장을 만들어 그곳에 얼굴을 담그게 함으로써 서서히 익숙해질 수 있도록 하자.

LESSON 043 | 물에 익숙해지기

원 안에 얼굴 담그기

· 횟수 | 1회

목적 >>> 물에 대한 공포심을 떨치지 못하는 아이가 물속에 얼굴을 담그는 감각을 체험할 수 있다.

숨을 들이마신 뒤 멈추고, 지도자가 팔로 만든 원 안의 물에 얼굴을 담근다.

POINT TIP!
겨우 물에 얼굴을 담그는 데 익숙해졌다고 해서 갑자기 넓은 수영장에 얼굴을 담그면 공포심이 재발할 수도 있다. 이때 지도자가 팔로 작은 수영장을 만들고 '달님에 얼굴을 담가 보렴'이라고 말을 건다면 안심할 것이다.

Swimming Column

수영장 매너

수영장은 자신 이외의 사람들도 이용하는 공공시설이며 규칙과 예절이 정해져 있다. 따라서 그것을 무시하고 수영하면 큰 사고로 이어질 수 있다. 모두가 기분 좋게 수영할 수 있도록 최소한의 규칙과 예절은 반드시 지키자.

RULE 01 코스 라인 오른쪽으로 수영한다

코스 라인이란 수영장의 바닥과 벽에 그려져 있는 선이다. 수영하는 사람의 진로를 나타내기 위해 그려졌다. 국제적으로도 수영할 때는 이 코스 라인보다 오른쪽에서 하도록 정해져 있다. 추월할 때의 접촉을 피하기 위해서라도 항상 오른쪽으로 수영하도록 하자.

RULE 02 추월할 때는 앞사람 발을 터치한다

수영하는 사람의 페이스는 사람에 따라 다양하다. 그래서 수영을 하다가 앞에서 수영하는 사람을 따라잡게 되는 경우도 드물지 않다. 추월하고 싶을 때는 앞사람의 발을 가볍게 터치하고 안쪽을 통과해 상대방에게 부딪치지 않도록 천천히 추월한다.

RULE 03 벽의 독점은 금물이다
수영장 안에서 쉴 때는 도착한 벽을 향했을 때 왼쪽으로 가서 쉰다. 벽을 혼자서 독점하면 턴을 하는 사람이나 뒤에서 수영하는 사람을 방해해 접촉 사고를 일으킬 수 있다.

RULE 04 순서를 지키며 수영하는 것이 매너다
수영장에서 수영할 때는 여러 사람이 한 코스를 수영할 경우가 종종 있다. 수영을 시작할 때는 턴을 한 사람의 머리가 수면으로 나오면 스타트하는 등 앞에서 수영하는 사람의 움직임을 우선시하는 것이 매너다. 개인적으로 스타트 타이밍을 정해 놓으면 원활하게 수영을 시작할 수 있다.

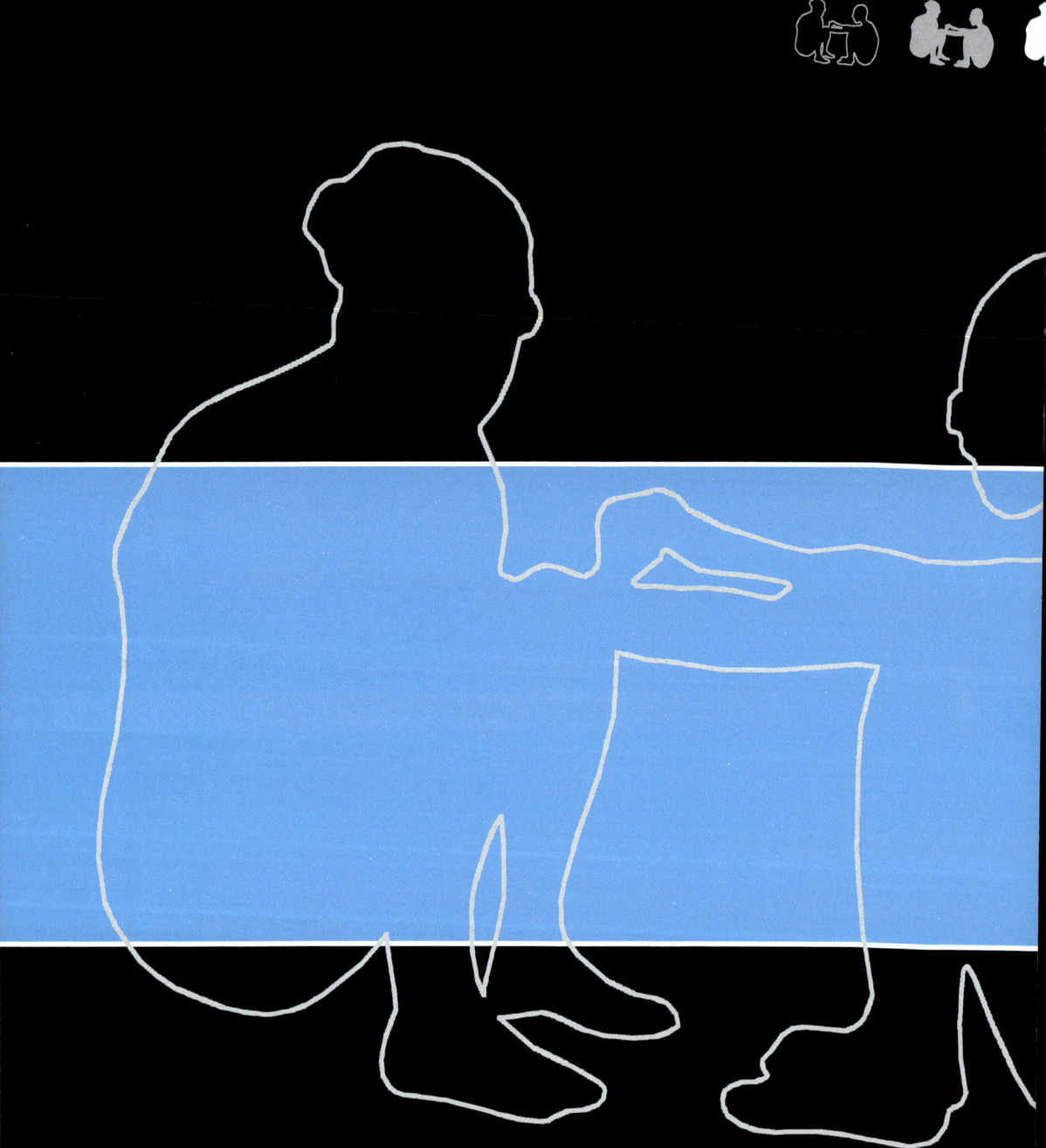

CHAPTER 03
기본 동작
BASIC MOTION

물에 익숙해지면 다음에는 수영의 기본인 호흡, 잠수, 뜨기, 스트림라인을 마스터한다. 수영은 기초를 확실히 만들지 않으면 좀처럼 실력이 향상되지 않는다. 그러므로 시간을 들여 천천히 연습하자.

코치의 한 마디!

수영하기 전에 알아야 할 기본 동작은?

실제로 수영 연습을 하기 전에 ①호흡, ②잠수, ③물에 뜨기, ④수중 자세 취하기(스트림라인)의 네 가지 동작에 익숙해져 부드럽게 수영할 수 있는 바탕을 만든다. 특히 스트림라인은 실력 향상의 열쇠다. 이 자세를 취하지 못하면 수영 실력이 향상되지 않는다고 해도 과언이 아니다.

ADVICE
물속에서 스트림라인을 취할 수 있는지 아닌지를 물속에서 확인하려면 '차고 뻗기'가 최적이다.

호흡

영법에 따라 호흡의 형태는 다르지만 '물속에서 숨 멈추기→숨 내뱉기→수면 위에서 숨 들이마시기'라는 흐름은 똑같다. 폐의 산소 허용량에는 한계가 있다. 따라서 충분히 공기를 들이마시기 위해서는 그전에 숨을 확실히 뱉어내야 한다.

물속에서 숨을 멈춘다.

코로 조용히 숨을 뱉어낸다.

수면 위로 얼굴을 내밀었으면 입으로 숨을 들이마신다.

잠수

물속에 몸을 가라앉혀 하는 잠수 연습은 숨을 멈추고 뱉어내는 물속에서의 기본 호흡법을 익히도록 돕는 역할을 한다. 물에 대한 공포심이 아직 남아 있을 때는 잠수를 함으로써 물속 특유의 특징(부력, 저항, 수압, 수온 등)에 대한 저항감을 없애도록 하자. 물속에서 가위바위보나 눈싸움을 하는 등 놀이나 게임 요소를 가미하면 공포심을 줄일 수 있다.

뜨기

물에는 부력이 있기 때문에 힘을 빼고 몸을 뻗으면 자연스럽게 뜰 수 있다. 그러나 물에 대한 공포심이 있으면 힘이 들어가 몸이 가라앉고 만다. '쪼그려 뜨기', '해파리 뜨기', '엎드려 뜨기', '누워 뜨기' 같은 연습으로 부력을 느끼며 뜨는 감각을 느껴보자. 그때 수면 위에서 숨을 들이마심으로써 폐에 공기를 담아 부레 역할을 하게 하면 몸을 띄우기가 좀 더 쉬워진다.

수중 자세 취하기

수중 자세의 기본은 스트림라인이다. 유선형이라고도 하며, 물의 저항을 잘 받지 않는 자세라고 할 수 있다. 이 자세는 모든 영법에서 공통이다. 먼저 지면에서 올바른 자세를 취하고 거울을 보며 확인하거나 코치 또는 동료에게 확인을 부탁해 잘못된 자세를 교정하자.

①손: 손끝을 뻗는다.
②팔: 팔꿈치를 곧게 편다.
③어깨: 위를 향해 똑바로 끌어올린다.
④가슴과 허리: 힘을 꾹 줘서 끌어올리는 이미지를 갖는다.
⑤다리: 발끝을 곧게 뻗는다.

①손: 손목이 구부러진다.
②팔: 팔꿈치가 구부러진다.
③몸통: 힘이 빠져 있다.
④다리: 발목이 구부러진다.

LESSON **044** | 호흡

입으로 거품내기

· 횟수 | 3~10회
· 시간 | 약 3분

목적 》》 호흡 방법을 익히는 첫걸음이다. 숨을 뱉어내는 동작을 기억하기 위한 연습 메뉴다.

숨을 들이마신 다음, 벽을 잡고 코까지 물속에 담가 코와 입으로
보글보글 숨을 뱉어낸다.

숨을 뱉어낼 때는 입 모양을 '우'로 한다.

입 모양이 '아'가 되면 입 안에 물이 들어간다.

POINT TIP!
수영에서는 숨을 뱉어내야 신선한 공기를 들이마실 수 있다. 초보자는 숨을 멈춰야한다는 생각이 앞선 나머지 숨을 뱉어내는 것이 서툴다. 먼저 물속에서 숨을 뱉어내는 데 집중하자.

 입이 '아' 모양이 되면 입 속에 물이 들어가 제대로 숨을 쉴 수 없다. 입을 '우' 모양으로 해서 조금씩 뱉어내자.

LESSON 045 | 잠수
함께 잠수하기

초급 중급 상급

· 횟수 | 3회
· 시간 | 5~10초

목적 >>> 물에 대한 공포심을 없애고 물속에서 오랫동안 숨을 멈출 수 있게 되는 연습이다.

서로 마주 보며 손을 잡고 함께 잠수해 수영장 바닥에 앉는다.

물에 익숙해지면 손을 떼고 서로 마주본 상태에서 숨을 들이마신다.

신호와 함께 잠수해 숨을 멈추고 서로의 얼굴을 보면서 수영장 바닥에 앉는다.

POINT TIP!
수영 실력의 향상을 방해하는 가장 큰 원인은 물에 대한 공포심이다. 지도자가 함께 잠수하면 안심하고 연습에 몰두할 수 있으며, 자연스럽게 물에 익숙해져 물속에서 오랫동안 숨을 멈출 수 있게 된다.

 몸에 힘이 들어가면 잠수를 잘할 수 없다. 물속에 최대한 오래 잠수하기 위해 지도자의 눈을 보며 긴장을 풀게 하자.

 **LESSON 046** | 잠수 　　　초급　중급　상급

손을 수영장 바닥에 대기

· 횟수 | 3회
· 시간 | 5~10분

목적 》》 깊게 잠수해 봄으로써 물속 특유의 분위기에 익숙해지기 위한 연습이다.

POINT TIP!
미리 수영장 바닥 어디를 터치할지 정해 놓으면 좋다. 깊이 잠수하려고 서두르면 잠수가 잘 안 된다. 그러므로 몸의 힘을 빼고 긴장을 푼 상태로 숨을 조금씩 뱉어내며 잠수하기 바란다.

숨을 멈추고 천천히 물속에 잠수한다.
숨을 뱉어내면서 가라앉아 수영장 바닥을 터치한다.

 **LESSON 047** | 잠수　　　초급　중급　상급

엉덩이를 수영장 바닥에 붙이기

· 횟수 | 3회
· 시간 | 5~10분

목적 》》 물속 특유의 분위기에 익숙해져 물에 대한 공포심을 극복하는 연습 메뉴다.

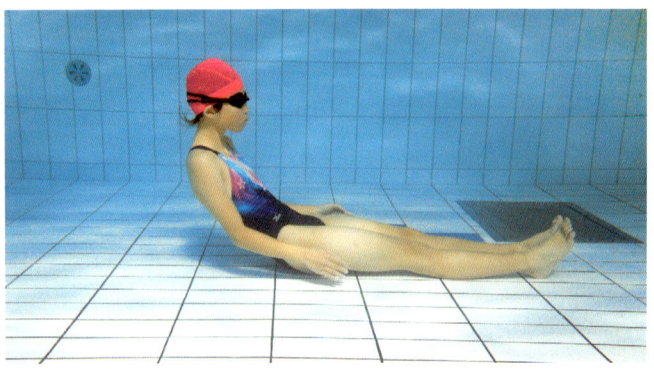

POINT TIP!
엉덩이가 바닥에 잘 닿지 않을 때는 지도자가 어깨를 눌러주는 등 도와줘도 좋다. 혼자서 할 수 있게 되면 물속 특유의 분위기가 재미있어진다. 물에 익숙해지면 물에 대한 공포심도 점점 완화된다.

엉덩이부터 천천히 물속에 들어간다.
다리를 앞으로 뻗고 엉덩이를 수영장 바닥에 붙인다.

| LESSON **048** | 잠수 |　　초급　중급　상급

수중 가위바위보

· 횟수 | 3회
· 시간 | 약 5초

목적 ≫ 물속에 잠수하는 감각에 익숙해지고 물속에서 숨을 멈추는 법을 익힌다.

POINT TIP!
몸에 힘이 들어가면 잠수를 제대로 하지 못한다. 몸의 힘을 빼고 숨을 멈춰 천천히 물속으로 잠수하자. 처음에는 1회 승부로 충분하다. 잠수에 익숙해지면 가위바위보 횟수를 늘려 나가고 게임 요소를 가미한다.

 물속에 잠수해 가위바위보를 한다.
승부가 나면 물 위로 올라간다.

| LESSON **049** | 잠수 |　　초급　중급　상급

수중 눈싸움

· 횟수 | 3회
· 시간 | 약 5~10초

목적 ≫ 게임 감각으로 즐기면서 물속에서 오래 숨을 참을 수 있게 된다.

POINT TIP!
무리는 금물이다. 익숙해질 때까지는 아이가 힘들어하기 전에 얼굴을 수면 위로 올라오게 하는 것이 중요하다. 예를 들어 잠수하기 전에 '승부가 나지 않아도 10을 세면 올라오기'와 같은 규칙을 정하고 지도자가 손가락으로 숫자를 나타내면 좋다.

서로 마주 보며 함께 잠수해 눈싸움을 한다.
승부가 나면 물 위로 올라간다.

CHAPTER 03 기본 동작 | 71

LESSON 050 | 호흡

벽을 잡고 연속 전방 호흡하기

· 횟수 | 5~10회
· 시간 | 3~5분

목적 ≫ 헤엄칠 때의 호흡 방법을 습득하기 위한 연습이다. 눈앞에 벽이 있으면 공포심이 경감된다.

양손으로 벽을 잡고 얼굴을 들어 입으로 숨을 들이마신다.

숨을 멈추고 물속으로 얼굴을 집어넣어 코로 숨을 뱉어낸다.

POINT TIP!
호흡의 기본은 숨을 '코로 보글보글 뱉어내고 입으로 훅 들이마신다'이다. 이 사이클을 기억하자.

NG! 코로 숨을 들이마시면 물이 들어가 코가 아프므로 입으로 숨을 들이마시도록 하자.

LESSON 051 | 호흡

자세를 의식하며 연속 전방 호흡하기

· 횟수 | 3~10회
· 시간 | 약 5분

목적 ≫ 헤엄칠 때의 자세를 의식하면서 호흡 방법을 습득할 수 있는 연습 메뉴다.

 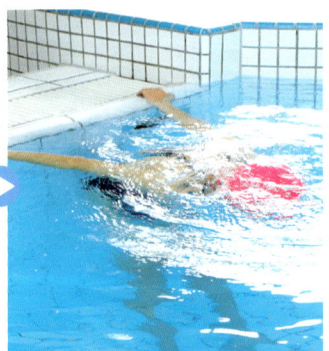

벽을 등지고 양손을 뒤로 뻗어 벽을 잡은 다음, 턱을 수면에 담근 채 빠르게 입으로 숨을 들이마신다.

숨을 멈추고 얼굴을 물속에 넣어 턱을 당기고 코로 숨을 뱉어낸다.

POINT TIP!
수영하는 진행 방향으로 몸을 향함으로써 수영을 한다는 느낌을 받을 수 있다.

NG! 숨을 '보글보글 뱉어내 훅 들이마시는' 리듬이 흐트러지지 않도록 주의하자.

LESSON 052 | 호흡

보조원과 함께 보빙하기

· 횟수 | 5~10회
· 시간 | 약 3분

목적 >>> 보조를 받음으로써 안심하면서 수영에 필요한 코 호흡 방법을 습득하기 위한 연습 메뉴다.

POINT TIP!
물속에서는 코로 조금씩 숨을 뱉어낸다. 아이와 시선을 맞추고 호흡의 리듬을 만든다.

 물속에서는 단번에 숨을 뱉어내지 말고 최대한 오랫동안 조금씩 내뱉도록 하자.

마주 보며 손을 잡고 숨을 들이마신다.

함께 잠수해 점프하면서 앞으로 나아간다.

LESSON 053 | 호흡

혼자서 점프하며 보빙하기

· 횟수 | 5~10회
· 시간 | 약 5분

목적 >>> 수영에 필요한 코 호흡 방법을 익힘과 동시에 자유형 등의 호흡에 대한 준비 단계도 된다.

POINT TIP!
이 연습을 통해 물속에서 코로 숨을 뱉어내고 공중에서 입으로 숨을 들이마시는 리듬을 몸에 익힌다.

 수면 위로 얼굴을 내밀었을 때 숨을 들이마시지 못할 경우에는 '파' 하고 소리를 내면 숨을 들이마실 수 있다.

숨을 멈추고 물속으로 잠수해 코로 숨을 뱉어낸다.

점프하며 물 위로 올라와 입으로 숨을 들이마신다.

LESSON 054 | 물에 뜨기

쪼그려 뜨기

· 횟수 | 3회
· 시간 | 약 10분

목적 》》 몸을 둥글게 웅크려 물에 떠보자. 수영의 기본인 물에 뜨는 감각을 파악할 수 있다.

숨을 들이마시고 손으로 무릎을 끌어안은 채 머리를 물속에 넣어 가라앉는다.
그 다음 오뚝이 모양이 되어 조용히 물에 뜬다.

■ 턱을 들면 오뚝이 모양이 되지 않는다. ■ 숨을 뱉어내면 몸이 가라앉는다.

POINT TIP!
숨을 가득 들이마시면 폐가 부레 역할을 하기 때문에 자연스럽게 몸이 뜬다. 몸의 균형이 무너지면 자세를 취하기가 힘들어지므로 지도자가 가볍게 손을 대고 도와주자.

 턱이 들리면 오뚝이 모양이 되지 못한다. 턱을 끌어당겨 배꼽을 보면 자연스럽게 오뚝이 모양이 된다.

| LESSON **055** | 물에 뜨기 | | 초급 중급 상급 |

해파리 뜨기

· 횟수 | 3회
· 시간 | 약 5분

목적 ≫ 힘을 빼고 뜨는 감각을 익혀 다음 단계인 엎드려 뜨기로 넘어가기 위한 연습이다.

쪼그려 뜨기 상태에서 몸에 힘을 넣은 채 팔과 다리를 뻗으며 힘을 뺀다.

물속에서 숨을 뱉어내면 몸이 가라앉는다.

몸 전체에 힘이 들어가면 제대로 떠오르지 못한다.

POINT TIP!
몸은 쪼그려 뜨기의 요령으로 움직이지 말고, 손발의 힘을 빼며 물에 뜬다. 손발에 힘을 주거나 빼면서 균형을 잡게 되기 때문에 물속에서 몸을 조정하는 힘이 길러진다.

NG! 물속에서 숨을 뱉어내면 몸이 가라앉고 만다. 여기에서는 숨을 잔뜩 들이마셨으면 되도록 오랫동안 숨을 멈추도록 하자.

LESSON 056 | 물에 뜨기
엎드려 뜨기

초급 중급 상급

· 횟수 | 5회
· 시간 | 약 10초

목적 ≫ 긴장을 풀고 물에 뜨는 감각을 익힌다. 또한 물속에서 호흡을 멈추는 연습도 된다.

숨을 들이마시고 멈췄으면 머리를 물속에 넣고 몸의 힘을 빼 그 자리에서 조용히 물에 뜬다.

몸 전체에 힘이 들어가면 가라앉기 쉽다.

턱이 들리면 몸에 불필요한 힘이 들어간다.

POINT TIP!
몸의 힘을 빼고 긴장을 푸는 것이 포인트다. 다만 가라앉기 쉬운 배와 엉덩이는 조금 힘을 준다. 숨을 들이마시고 멈추면 들이마신 숨이 부레 역할을 해 몸이 뜨기 쉬워진다.

 턱이 들리면 몸 전체에 힘이 들어가 가라앉는다. 턱을 끌어당기고 등을 조금 구부린다는 느낌을 가지면 배와 엉덩이가 뜬다.

 **LESSON 057** | 물에 뜨기　　　

누워 뜨기

· 횟수 | 5회
· 시간 | 약 5분

목적 》》 킥보드의 부력을 이용해 누운 채 물에 뜸으로써 공포심이 경감된다.

숨을 들이마신 채 킥보드를 배에 끌어안고
몸의 힘을 빼면서 누워서 뜬다.

킥보드에 매달리는 것만으로는 몸이 떠 있는
감각을 느낄 수 없다.

POINT TIP!
누운 자세로 뜨는 연습은 얼굴이 수면 위로 나온 상태가 되기 때문에 두려움을 느끼지 않고 물에 뜰 수 있다. 킥보드의 부력에 의지하면 초보자도 몸이 뜨는 감각을 익힐 수 있다.

 초보자에게서는 허리가 가라앉는 경우(사진 아래)를 자주 볼 수 있다. 가슴을 펴고 킥보드에 배를 붙이면 허리가 뜬다.

 **LESSON 058** | 킥

팔꿈치를 대고 킥하기

· 횟수 | 3세트
· 시간 | 각 10~20초

목적 ⟫⟫ 상체를 벽에 의지함으로써 자세가 안정된다. 킥에만 집중해 올바른 움직임을 확인할 수 있다.

POINT TIP!
물장구는 일정한 리듬으로 다리의 허벅지 윗부분부터 교차로 움직이며, 발등과 발바닥으로 물을 차며 앞으로 나아간다. 다리에 지나치게 힘이 들어가면 움직임이 딱딱해지므로 발 전체를 채찍처럼 부드럽게 움직여 힘을 허벅지, 무릎, 발끝으로 전달한다.

양손을 깍지 낀 자세로 상체를 풀사이드에 올려놓고
발을 교차로 움직이며 물장구를 친다.

 **LESSON 059** | 킥

벽을 잡고 킥하기

· 횟수 | 5세트
· 시간 | 각 10~20초

목적 ⟫⟫ 벽을 손으로 잡고 킥보드로 몸을 안정시키며 킥의 기본적인 움직임과 자세를 익힌다.

POINT TIP!
턱이 들리거나 팔꿈치가 구부러지면 올바른 자세를 유지할 수 없다. 몸은 최대한 곧게 펴서 스트림라인을 의식하는 것이 중요하다. 시선을 앞으로 향하면 자세가 안정된다.

킥보드를 팔꿈치 밑에 놓는다.
손으로 벽을 잡아 자세를 안정시키며 킥을 한다.

LESSON 060 | 킥

얼굴을 담근 채 벽을 잡고 킥하기

초급 중급 상급

- 횟수 | 3세트
- 시간 | 각 10~20초

목적 » 얼굴을 물에 담그고 올바른 자세를 익힌다. 또한 수영할 때의 호흡의 리듬도 연습할 수 있다.

POINT TIP!
턱이 들려서 얼굴이 앞을 향하면 상체에 힘이 들어가 몸이 가라앉고 만다. 가슴을 곧게 뻗고 얼굴을 물에 담가 몸이 일직선이 되게 만들자. 그리고 물속에서는 숨을 뱉어내고 얼굴을 들어 숨을 들이마신다.

벽을 손으로 잡고 얼굴을 물에 담근 채 올바른 자세를 유지한다.
리드미컬하게 호흡을 실시한다.

LESSON 061 | 킥

킥보드를 잡고 킥하기

초급 중급 상급

- 횟수 | 10m×4회

목적 » 킥보드의 부력을 이용해 자신의 킥으로 나아가는 감각을 체험한다.

POINT TIP!
이 연습에서는 킥보드를 잡는 법에 주의하자. 팔을 곧게 펴고 킥보드에 상체를 의지하는 듯한 느낌으로 잡는다. 허리가 가라앉지 않도록 배에 힘을 주고 몸을 일직선으로 유지하는 것이 중요하다.

킥보드에 손을 올려놓고 시선을 앞으로 향하며,
턱이 수면에서 떨어지지 않도록 몸을 곧게 유지하며 킥으로 나아간다.

LESSON 062 | 킥

호흡을 멈춘 채 얼굴을 물에 담그고 킥하기

· 횟수 | 8~10m×6회

목적 》》 자신의 킥으로 앞으로 나아가는 감각을 익힌다. 얼굴을 물에 담그고 수영 자세를 익히는 연습이다.

▎킥보드에 손을 올리고 턱을 끌어당겨 얼굴을 물에 담근 채 킥으로 나아간다.

▎턱이 들리면 자세가 무너지는 원인이 된다. 턱을 끌어당겨 몸을 일직선으로 만든다.

POINT TIP!
얼굴을 물에 담그면 수영할 때의 자세를 떠올리기 쉬워진다. 숨을 들이마시고 얼굴을 물에 담근 채 킥으로 나아가며, 숨이 괴로워지면 멈춘다. 수영하는 거리는 짧아도 무방하다.

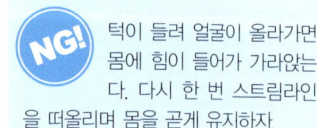
턱이 들려 얼굴이 올라가면 몸에 힘이 들어가 가라앉는다. 다시 한 번 스트림라인을 떠올리며 몸을 곧게 유지하자.

LESSON 063 | 호흡&킥 초급 중급 상급

호흡을 하며 얼굴을 물에 담그고 킥하기

· 횟수 | 10~25m×6회

목적 》》 호흡을 하면서도 자세를 유지하고 킥을 지속하며 콤비네이션을 생각하는 연습 메뉴다.

킥보드에 손을 올리고 킥으로 나아간다. 얼굴을 들어 숨을 들이마신다.

얼굴을 물에 담그고 잠시 숨을 멈춘 채 조금씩 숨을 뱉어낸다. 킥은 일정 리듬을 유지한다.

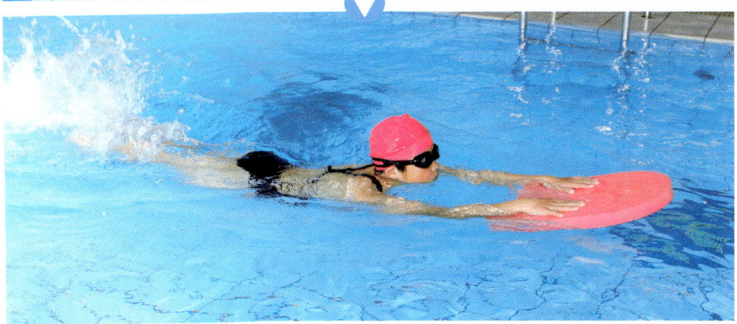

숨이 괴로워지면 얼굴을 들고 숨을 전부 뱉어낸 반동으로 들이마신다.

POINT TIP!
킥은 일정한 리듬으로 실행하며, 여기에 호흡을 맞춰 나가자. 물속에서는 숨을 조금씩 '보글보글' 뱉어내며, 얼굴을 든 순간에 전부 뱉어낸 반동으로 숨을 '파' 하고 들이마신다.

 킥과 호흡의 리듬이 맞지 않으면 추진력을 얻지 못한다. 킥은 항상 일정한 리듬을 유지하며, 그 타이밍에 호흡을 맞춘다.

LESSON 064 | 잠수   초급 중급 상급

훌라후프 통과하기

· 횟수 | 5m×6회

목적 ›› 게임 감각으로 즐기면서 수중에서 몸을 사용하는 법을 몸에 익힐 수 있는 연습 메뉴다.

POINT TIP!
물속에서 나아가기 위해서는 몸의 축을 나아가고자 하는 방향으로 향해야 한다. 훌라후프를 목표물로 만들면 놀면서 스트림라인의 기본을 자연스럽게 익혀 나갈 수 있다.

지도자가 훌라후프를 든다. 물속에 잠수해 후프 방향으로 몸의 축을 향해 훌라후프를 통과한다.

LESSON 065 | 잠수   초급 중급 상급

링 줍기

· 시간 | 20분

목적 ›› 친구들과 경쟁하면서 물속에서 몸을 조절하는 능력을 익힐 수 있다.

POINT TIP!
수영장 바닥에 있는 링을 줍기 위해서는 오래 잠수할 수 있고, 나아가 물속에서 몸의 움직임을 자유자재로 조절하는 능력이 요구된다. 친구들과 경쟁하는 등 게임을 가미하면 기술을 즐겁게 습득할 수 있다.

숨을 들이마시고 최대한 깊이 잠수해 수영장 바닥에 있는 링을 줍는다.

LESSON 066 | 잠수

초급 중급 상급

잠수

· 횟수 | 5~10m×6회

목적 »» 물속에서 몸을 조절하는 능력을 익히고, 물속을 나아가는 즐거움을 체험할 수 있는 연습이다.

숨을 들이마시고 물속으로 잠수해 양발을 벽에 댄다.
그 다음 대각선 아래로 천천히 벽을 찬다.

킥은 물장구, 풀은 평영이 초보자에게는 쉽다.

숨이 괴롭지 않은 범위에서 잠수하며, 괴로워지면 무리하지 말고 수면 위로 올라온다.

POINT TIP!
물이 무서운 이유는 지상에서 할 수 있는 것을 물속에서는 할 수 없기 때문이다. 그런데 물속 특유의 감각을 알면 수영이 즐거워진다. 잠수는 그 감각을 체험하는 데 최적의 연습이다.

 깊이 잠수하려고 서둘면 몸에 힘이 들어가 제대로 잠수할 수 없다. 몸의 힘을 빼고 돌고래가 되었다는 생각으로 부드럽게 헤엄치자.

 | 수중자세

차고 뻗기

· 횟수 | 5~8m×6회
· 시간 | 약 10분

목적 ⫸ 수중에서 가장 나아가기 쉬운 자세인 스트림라인을 익히는 연습 메뉴다.

손을 겹쳐서 전방을 향해 곧바로 뻗는다. 숨을 들이마신 채 머리를 물속에 넣고 양발을 구부려 벽에 댄다.

양발로 천천히 벽을 차고 그대로 발을 뻗어 손끝에서 발끝까지를 일직선으로 만든다.

자연스럽게 속도가 줄어들 때까지 스트림라인 자세를 유지한다.

POINT TIP!
팔을 곧게 펴서 귀 뒷부분을 그 사이에 넣어 손끝에서 발끝까지 하나의 막대기처럼 만든 자세가 스트림라인이다. 먼저 지상에서 이 자세를 만들어 보고 그 형태를 확실히 기억하자.

 머리가 들리거나 팔꿈치가 굽으면 몸이 곧게 펴지지 않는다. 돌고래 등의 유선형을 연상하며 몸을 뻗는다.

LESSON 068 | 수중자세&킥

초급 중급 상급

차고 뻗기 후 킥하기

· 횟수 | 8~10m×6회

목적 》》 스트림라인 자세를 의식하며 자신의 킥으로 전진하는 감각을 체험하는 연습이다.

양손을 전방으로 뻗고 숨을 들이마신 채 머리를 물에 넣은 뒤 양발을 벽에 대고 천천히 찬다.

벽을 찼으면 그대로 다리를 모아 곧게 뻗으며 스트림라인을 유지한다.

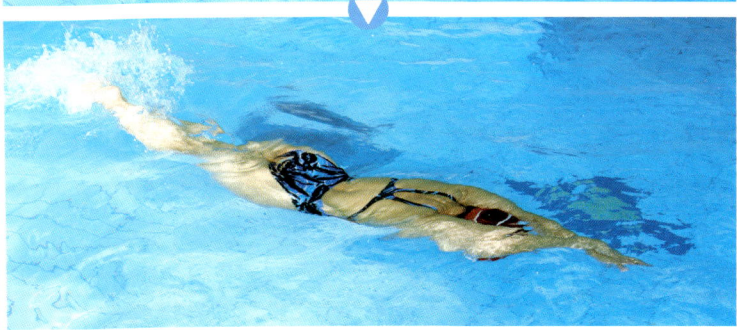

추진력이 떨어지면 킥을 시작해 숨이 괴롭지 않은 범위 내에서 전진한다.

POINT TIP!
벽을 차고 뻗기를 시작할 때의 자세가 중요하다. 양팔로 귀의 뒷부분을 끼우고 손끝에서 발끝까지 일직선으로 만든다. 그 자세를 유지하면서 숨이 괴롭지 않은 범위 내에서 킥으로 전진한다.

NG! 머리가 들리면 스트림라인 자세가 무너진다. 시선이 진행 방향이 아니라 수영장 바닥을 향해야 머리가 들리지 않는다.

CHAPTER 03 기본 동작 | 85

Swimming Column

수영장에서의 응급처치

수영 중에는 다리에 쥐가 나거나 과호흡이 되거나 코피가 날 때가 종종 있다. 이제 간단한 응급처치를 알아두고 침착하게 대처하기 바란다. 다만 어떤 증상이든 심할 때는 무리하지 말고 전문가를 부르도록 하자.

1. 다리에 쥐가 났을 때

몸속에 수분이 부족하거나 수온으로 급격이 몸이 차가워지면 다리에 쥐가 난다. 수영하기 전에 충분히 스트레칭을 하고 연습 사이에 수분 보충을 하면 예방할 수 있다.

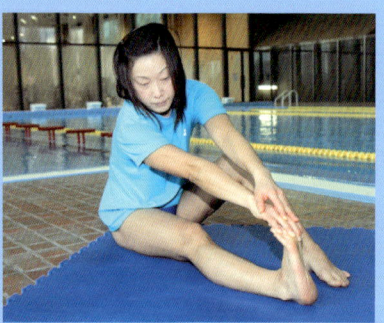

응급처치
- 앉아서 근육을 늘린다. 또는 다른 사람에게 발을 누르게 한다.
- 수분을 보충한다.
- 온수 샤워 등으로 몸을 따뜻하게 한다.

2. 코피가 날 때

여름철 수영장의 수온이 높을 때 얼굴이 벌게지는 아이들에게 많은 증상이다. 코를 티슈 등으로 막는 것은 금물이다. 얼굴을 하늘로 향하게 하는 것도 좋지 않다.

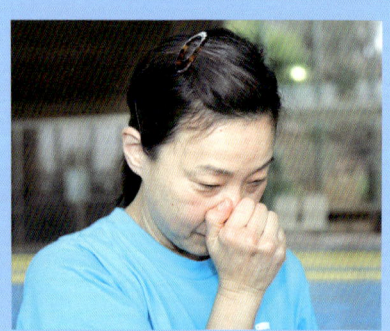

응급처치
- 콧방울을 손가락으로 집는다.
- 미간을 얼음 등으로 식힌다.
- 피가 멈출 때까지 안정을 취한다.

3. 과호흡이 되었을 때

극도로 긴장한 상태에서 수영을 하면 호흡을 하는 데 공기가 폐에 들어가지 않는 느낌이 들며, 빠른 호흡을 반복하는 상태가 될 때가 있다. 두통이 전조 증상이므로 머리가 아프면 무리하지 말고 쉬도록 하자.

응급처치

- 비닐봉지나 종이봉투를 입에 댄다.
- 그대로 호흡을 하며, 내뱉은 숨을 들이마신다.
- 혈액 속의 이산화탄소량을 원래대로 되돌린다.

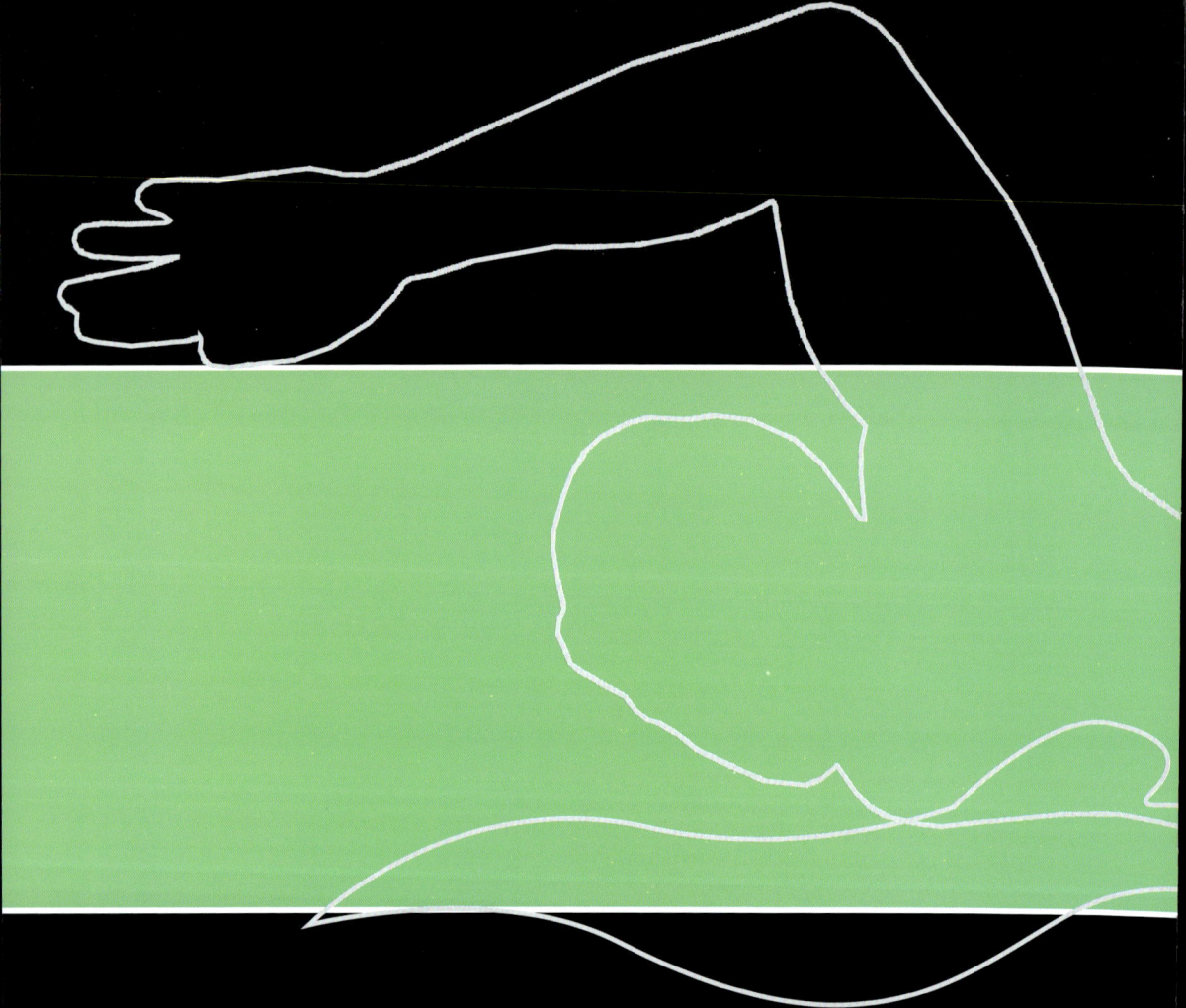

CHAPTER 04
자유형(크롤)
FREESTYLE STROKE

모든 영법 중에서 가장 빠른 속도를 낼 수 있는 것이 자유형이다. 몸에 억지로 힘을 주려 하지 말고 일련의 동작을 부드럽고 효율적으로 하는 것이 열쇠다. 이제 자유형의 속도감을 체험해 보자.

코치의 한 마디!

자유형이란?

비교적 무리가 없는 자연스러운 움직임이다. 물의 저항도 적어 손을 강하게 저을 수 있기 때문에 모든 영법 중에서 속도가 가장 빠르다. 그래서 경영의 자유형(어떤 영법을 사용하든 상관없음)에서는 거의 모든 선수가 자유형을 선택한다. 풀과 킥 모두 익히기 쉬워서 처음 마스터하는 데 최적이다.

ADVICE

속도감을 맛보자. 빠르게 수영하려면 물의 저항을 줄이고 수평 자세를 유지하도록 노력하자.

자유형의 기본 세 가지

풀 PULL

입수한 뒤에 '캐치→풀→피니시→리커버리'의 동작을 부드럽고 효율적으로 실시하는 것이 포인트다. 캐치에서는 손의 힘을 빼고 벌려 되도록 많은 물을 캐치하도록 의식하면 더욱 추진력을 얻을 수 있다.

손목과 팔꿈치를 살짝 굽혀 물을 캐치한다.

캐치한 물을 후방으로 젓는다(풀).

허벅지 뒤쪽을 통해 물을 더욱 후방으로 밀어낸다(피니시).

팔을 수면으로 내밀어 엔트리 위치까지 리커버리한다.

숙련도	연령대별 목표
초급	부드러운 호흡으로 25미터를 수영한다.
중급	쉬면서 25미터를 4회 이상 수영한다.
상급	시간을 설정해 25미터 이상 계속 수영한다.
주니어	일정한 리듬으로 타이밍 좋게 호흡하며 25미터를 수영한다.
시니어	여유 있게 큰 스트로크로 장시간 수영한다.

허리를 받침점으로 허벅지로부터 채찍이 휘어지듯 킥을 한다. 발목부터는 되도록 힘을 빼자. 자유형의 킥은 양손을 1회씩 저을(1스트로크) 때마다 몇 번 킥을 하느냐에 따라 6비트, 4비트, 2비트의 세 종류가 있는데, 여섯 번 킥을 하는 6비트가 일반적이다. 오래 수영하고 싶을 때는 비트가 적은 4비트나 2비트로 힘을 절약한다.

자유형의 호흡은 몸의 옆쪽을 향해 호흡하는 횡호흡이다. 머리의 위치가 높아지면 하체가 가라앉기 때문에 팔을 허둥지둥 젓거나 무작정 킥을 하는 등 악순환을 초래한다. 따라서 롤링을 이용해 얼굴이 자연스럽게 수면에서 나오도록 하자. 호흡의 타이밍은 얼굴을 향하는 쪽의 손이 리커버리를 한 직후에 얼굴을 들기 시작해, 손이 얼굴 앞을 통과함과 동시에 얼굴을 물속으로 되돌린다.

LESSON 069 | 자유형 · 풀

초급 **중급** **상급**

지상에 서서 풀 연습하기

· 횟수 | 좌우 10회
· 시간 | 약 3분

목적 ⫸ 풀사이드에 서서 풀 동작을 확인한다. 자유형의 올바른 팔 움직임을 익힌다.

풀사이드에 서서
양손을 위로 곧게 올린다.

팔꿈치를 곧게 뻗고 손이 얼굴 앞을 통과하도록
오른팔을 아래 방향으로 크게 돌린다.

허벅지에 엄지손가락을 붙이듯이
크게 돌린다.

원을 그리듯이 뒤로 돌려 원래 위치로 되돌아온 다음
왼팔을 돌린다.

POINT TIP!
이 시점에서는 세세한 폼에 집착하지 말고 팔을 크게 돌리는 것에 신경 쓰기 바란다. 견갑골부터 크게 움직여 손가락으로 허벅지를 만진다는 느낌으로 돌리면 자연스럽게 팔을 크게 돌릴 수 있다.

 손바닥에 힘이 지나치게 들어가면 물을 캐치하지 못한다. 손바닥은 부드럽게, 팔꿈치는 곧게 펴고 크게 돌리자.

LESSON 070 | 자유형 · 풀

초급 중급 상급

물속에 서서 풀 연습하기

- 횟수 | 좌우 10회
- 시간 | 약 3분

목적 » 물속에 들어가 풀 동작을 확인한다. 팔로 물을 젓는 감각을 실제로 체험할 수 있다.

물속에 서서 상체를 90도로 굽힌다.
양손을 앞으로 모으고 오른손으로 물을 캐치한다.

캐치한 물을 몸 아래로
끌어당긴다.

엄지손가락으로 허벅지를 건드린다는 느낌으로
오른팔을 크게 돌려 물을 후방으로 밀어낸다.

젓기가 끝나면 앞으로 되돌리고
왼손도 같은 요령으로 돌린다.

POINT TIP!
손바닥에 힘을 너무 주지 말고 가볍게 손가락을 모아 물을 캐치한다. 그리고 엄지손가락으로 허벅지를 건드린다는 느낌으로 팔을 크게 돌리면 많은 물을 저을 수 있어 추진력이 생긴다.

 손바닥의 방향이 바깥쪽이나 안쪽을 향하면 물을 캐치할 수 없다. 엔트리에서는 아래를 향하고 그대로 단숨에 후방으로 젓는다.

LESSON 071 | 자유형 · 호흡

호흡을 하며 얼굴을 물에 담그고 킥하기

· 횟수 | 10~25m×4~6회

목적 》》 전방 호흡을 연속적으로 함으로써 수영 중의 호흡 동작을 익히는 연습이다.

■ 킥보드에 손을 올리고, 얼굴을 물에 담그고 킥으로 나아간다.

■ 얼굴을 전방으로 들고 입으로 숨을 들이마신다. 이것을 연속으로 반복한다.

POINT TIP!
물속에서는 코로 숨을 뱉어내고, 얼굴을 들면 입으로 숨을 들이마신다. 머리의 움직임은 최소한으로 억제하며 실제로 자유형 영법으로 수영하는 자세를 상상하면서 리드미컬하게 호흡하자.

 호흡을 할 때 얼굴을 너무 많이 들면 균형이 무너진다. 턱이 수면에 닿은 상태로 호흡 동작을 하는 것이 가장 좋다.

LESSON 072 | 자유형·호흡

호흡을 하며 차고 뻗기 후 킥하기

· 횟수 | 10~25m×4회

목적 ≫ 수영하는 자세에 가까운 상태에서 전방 호흡을 연속으로 실시한다. 자유형의 횡호흡으로 이어지는 연습 메뉴다.

양손을 앞으로 뻗고 숨을 들이마신 뒤 얼굴을 물속에 넣고 양발을 벽에 댄다.

양발로 벽을 천천히 찬다.

몸을 곧게 뻗어 스트림라인 자세를 취한다.

벽을 차서 얻은 추진력으로 나아간다.

추진력이 떨어지면 물장구를 시작한다.

얼굴을 전방으로 들어 입으로 숨을 들이마신다. 일정한 리듬으로 킥을 하면서 전방 호흡을 반복한다.

POINT TIP!
킥보드를 잡지 않은 좀 더 실전적인 연속 호흡 연습이다. 가능한 한 스트림라인을 흐트러뜨리지 않는 것이 중요하다. 조금씩 수영 거리를 늘려 나가자.

 숨을 들이마실 때 얼굴을 너무 많이 들면 몸이 가라앉는다. 스트림라인을 유지하며 수면에 닿을 듯 말듯 입을 내밀어 숨을 들이마시자.

CHAPTER 04 자유형(크롤) | 95

LESSON 073 | 자유형 · 풀

초급 중급 상급

한쪽 팔 무호흡 자유형

· 횟수 | 각8~10m×6회

목적 ⟫⟫⟫ 한쪽 팔의 움직임에만 집중할 수 있기 때문에 올바른 풀 동작의 이미지를 파악할 수 있다.

스트림라인을 유지하며
일정한 리듬으로 킥을 한다.

오른손으로 물을
캐치한다.

캐치한 물을 후방으로
밀어낸다.

젓기가 끝나면 리커버리해
앞으로 되돌린다.

오른손은
엔트리한다.

다시 오른손으로 물을 캐치한다. 숨을 참을 수 있는 범위
에서 반복하며, 왼손도 같은 요령으로 실시한다.

POINT TIP!
처음부터 갑자기 양손으로 풀을 하면 혼란이 올 수도 있으므로 단계적으로 이 연습 메뉴를 하면 효과적이다. 또한 스트림라인을 유지하고 있는지, 팔의 움직임에 좌우 차이는 없는지도 확인할 수 있다.

 기본자세인 스트림라인이 되지 않으면 팔의 움직임에 집중할 수 없다. 몸을 곧게 펴고 올바른 자세를 유지하자.

LESSON 074 | 자유형·풀

무호흡 자유형

초급 중급 상급

· 횟수 | 8~10m×6회

목적 >>> 왼팔과 오른팔의 풀 동작을 완결시켜 확실히 물을 젓는 동작을 몸에 익힌다.

스트림라인을 유지하며
일정한 리듬으로 킥을 한다.

오른손으로 물을 캐치해
후방으로 밀어낸다.

젓기가 끝나면 리커버리해
앞으로 되돌린다.

양손이 앞에서 모이면 스트림라인을 의식하고,
다음에는 왼손 스트로크를 시작한다.

왼손으로 물을 캐치해
후방으로 밀어낸다.

젓기가 끝나면 리커버리해
앞으로 되돌린다.

POINT TIP!
한쪽 스트로크가 끝나면 반드시 일단 앞에서 양손을 모은 뒤 다음 스트로크로 들어간다. 이것을 '캐치업'이라고 하며, 올바른 풀 동작을 재인식할 수 있다.

 팔을 너무 빨리 돌리면 물을 확실히 젓지 못한다. 매회 움직임을 확인하듯이 천천히 움직이도록 하자.

LESSON 075 | 자유형 · 호흡

초급　중급　상급

물속에서 호흡하며 서서 풀기

· 횟수 | 좌우 10회
· 시간 | 약 2분

목적 》》 물속에 선 상태에서 벽을 이용해 자유형의 횡호흡의 기본을 마스터한다.

물속에 서서 상체를 90도로 굽힌다.
양손을 벽에 대고 얼굴을 물에 담근다.

손으로 물을 저으며 민다.
팔의 움직임에 맞추면서 얼굴을 옆으로 향한다.

팔이 리커버리할 때
입으로 숨을 들이마신다.

손을 앞으로 되돌리면서
얼굴도 물속으로 되돌린다.

POINT TIP!
팔의 움직임과 횡호흡의 타이밍을 자신의 눈으로 확인하면서 익힐 수 있다. 횡호흡을 하지 못해 자유형이 서툰 사람에게 추천하는 연습 메뉴다.

 전방 호흡의 버릇이 사라지지 않아 얼굴이 들리면 스트림라인이 무너진다. 턱을 끌어당긴 채 얼굴을 옆으로 향한다는 의식을 갖자.

LESSON 076 | 자유형·호흡

초급 중급 상급

한쪽 팔로만 킥보드 잡고 킥하며 횡호흡하기

· 횟수 | 각 10~25m×6회

목적 >>> 킥보드의 부력을 이용해 물속을 나아가면서 횡호흡 동작을 익힌다.

한 손을 킥보드에 올리고 다른 손은
몸 쪽에 위치시킨 자세에서 킥으로 나아간다.

머리의 위치는 그대로 하고 얼굴만 옆을 향하며 입으로 숨을 들이마신다.

POINT TIP!
몸을 좌우로 비트는 롤링을 사용하면 편하게 호흡을 할 수 있다.
또한 호흡의 방향은 좌우 중 편한 쪽으로 해도 상관없다. 양쪽을
연습해두면 균형 잡힌 수영 자세가 몸에 밴다.

NG! 호흡 동작을 할 때 머리를 세우지 않도록 한다. 머리의 위치는 바꾸지 않고 얼굴만 옆으로 향한다. 롤링을 병용하면 원활해진다.

CHAPTER 04 **자유형(크롤)** | 99

LESSON 077 | 자유형 · 자세

배면 뜨기-차고 뻗기 후 킥하기

초급 중급 상급

· 횟수 | 8m×6회

목적 》》 놀이적인 요소를 통해 롤링의 이미지를 파악한다. 콤비네이션으로 이어지는 연습 메뉴다.

벽 쪽을 향해 벽에 손을 대고 무릎을 굽힌 채 양 발바닥을 벽에 붙인다.

양손을 위로 들고 누운 자세가 되면 양발로 벽을 천천히 찬다.

손끝에서 발끝까지를 일직선으로 만든 누운 스트림라인 자세를 취한다.

롤링을 의식하면서 몸을 아래로 회전시킨다.

몸의 축이 흔들리지 않도록 몸의 중심선부터 빙글 회전시킨다.

몸이 회전했으면 스트림라인 자세를 취하며 킥으로 전진한다.

POINT TIP!
롤링을 하면 호흡이 편해지고 풀 동작이 쉬워지는 이점이 있다. 자유형의 횡호흡을 할 수 있게 되었다면 롤링을 연습하는 것이 실력 향상으로 이어진다.

 몸에 축이 없으면 회전이 제대로 되지 않는다. 몸의 축이란 손끝에서 발끝까지를 일직선으로 만든 스트림라인 자세를 말한다.

LESSON **078** | 자유형 · 호흡

횡호흡

· 횟수 | 각 10~25m×6회

목적 ≫ 자유형에 가까운 자세가 되어 실전적인 횡호흡 동작을 익힌다.

한쪽 손을 앞으로 뻗고 다른 손은
몸 쪽에 위치시킨 자세에서 킥으로 전진한다.

머리의 위치는 그대로 유지하고 얼굴만 옆으로 향해 입으로 숨을 들이마신다.

POINT TIP!
팔의 움직임에 구애받지 않고 호흡 동작에만 집중할 수 있는 연습이다. 얼굴의 움직임에 맞춰 몸의 중심선을 축으로 좌우로 몸을 기울이는 롤링을 사용하면 얼굴을 원활하게 옆으로 향할 수 있다.

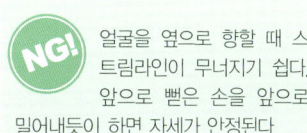
얼굴을 옆으로 향할 때 스트림라인이 무너지기 쉽다. 앞으로 뻗은 손을 앞으로 밀어내듯이 하면 자세가 안정된다.

LESSON 079 | 자유형·호흡

초급 중급 상급

한 손 자유형

· 횟수 | 각 10~25m×6회

목적 >>> 횡호흡에 손의 움직임을 가미해 자유형의 호흡 타이밍을 익힌다.

한쪽 손은 앞으로 뻗고 다른 한쪽 손으로 물을 저으며 킥을 하면서 전진한다.

물을 젓는 쪽 손이 풀을 하는 도중에 얼굴을 옆으로 향하기 시작한다.

피니시와 동시에 숨을 전부 뱉어내고 얼굴을 수면에 올린다.

리커버리를 하면서 얼굴을 물속으로 되돌린다.

같은 쪽 손으로 물을 저어 나아간다.

피니시와 동시에 숨을 전부 뱉어내고 얼굴을 수면에 올린다.

POINT TIP!
얼굴을 옆으로 향하는 타이밍은 손의 움직임에 맞춘다. 너무 빨라도 너무 느려도 안 된다. 물을 젓는 쪽 손이 몸의 정중앙을 통과할 때쯤부터 얼굴을 옆으로 향하는 것이 가장 좋다.

 호흡을 할 때 앞으로 뻗은 손이 내려가면 자세가 무너진다. 전방으로 밀어낸다는 의식을 가지면 스트림라인을 유지할 수 있다.

 | LESSON **080** | 자유형·영력 향상 | 초급 중급 상급

튜브 잡아당기기

· 횟수 | 6회
· 시간 | 각 5분

목적 >> 튜브로 잡아당겨 부담을 줌으로써 속도 능력을 향상시키는 상급자용 연습이다.

고무줄을 허리에 감고 자유형 영법으로 수영하며 파트너가 고무줄을 잡아당긴다.

스포츠 용품점 등에 있는 시판용 고무줄.
물속에서만이 아니라 스트레칭에도 이용할 수 있다.

POINT TIP!
손 젓기가 느린 상급자가 대시 능력을 키우는 연습 메뉴다. 고무줄이 없을 때는 한 명이 다른 한 명의 발을 잡고 그 자리에서 자유형을 하는 방법도 있다.

 처음부터 갑자기 긴 시간에 도전하지는 말자. 처음에는 5초 정도부터 시작하고 익숙해지면 점점 시간을 늘려나간다.

LESSON 081 | 자유형·완성형

초급 중급 상급

· 횟수 | 25m×2회

자유형 콤비네이션①

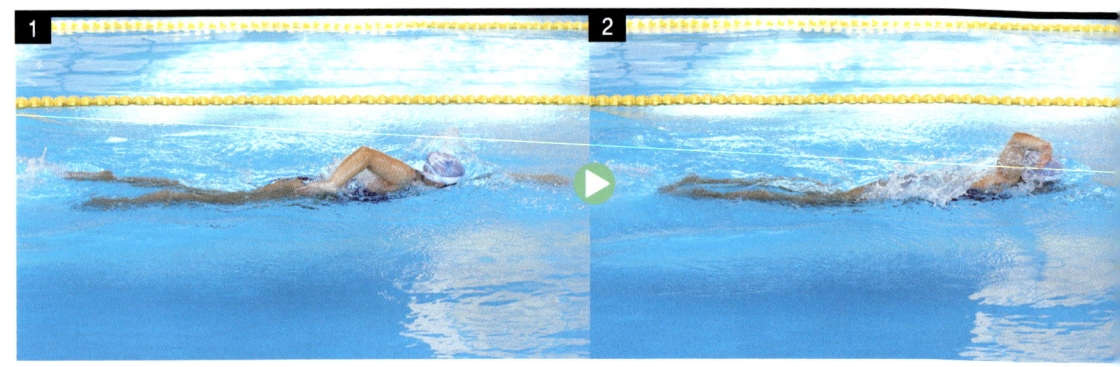

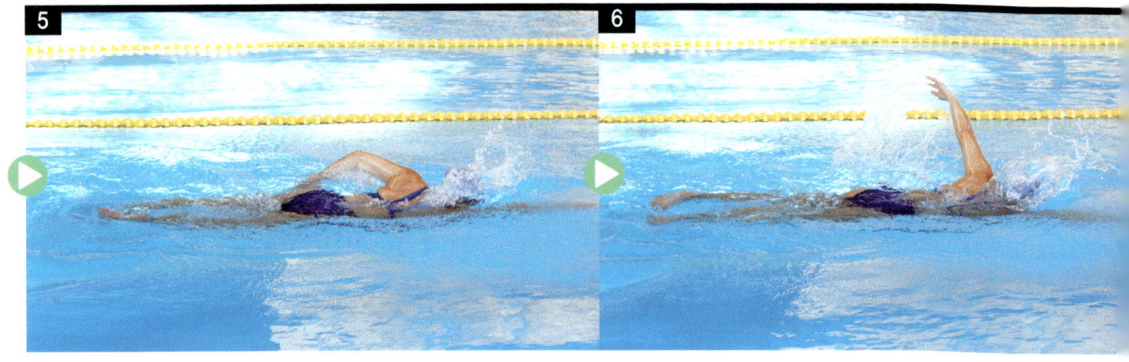

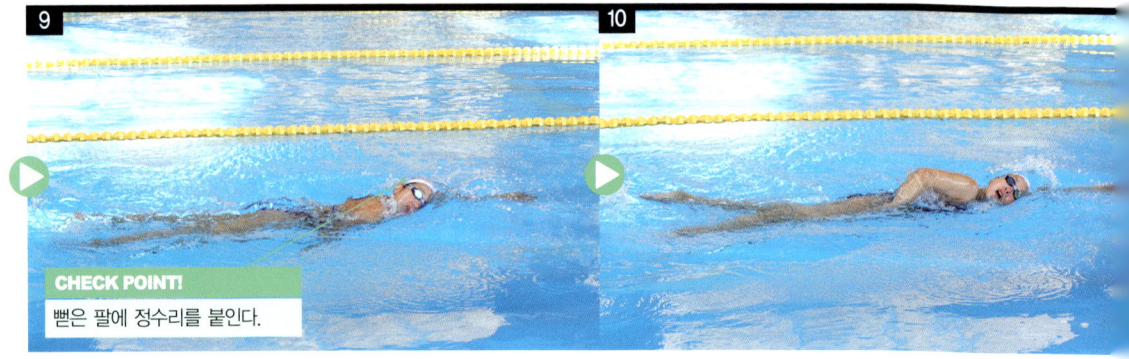

CHECK POINT!
뻗은 팔에 정수리를 붙인다.

목적 》》 호흡을 하면서 자유형으로 25미터를 수영한다.
수영을 하면서 습득한 기술을 다시 한 번 확인한다.

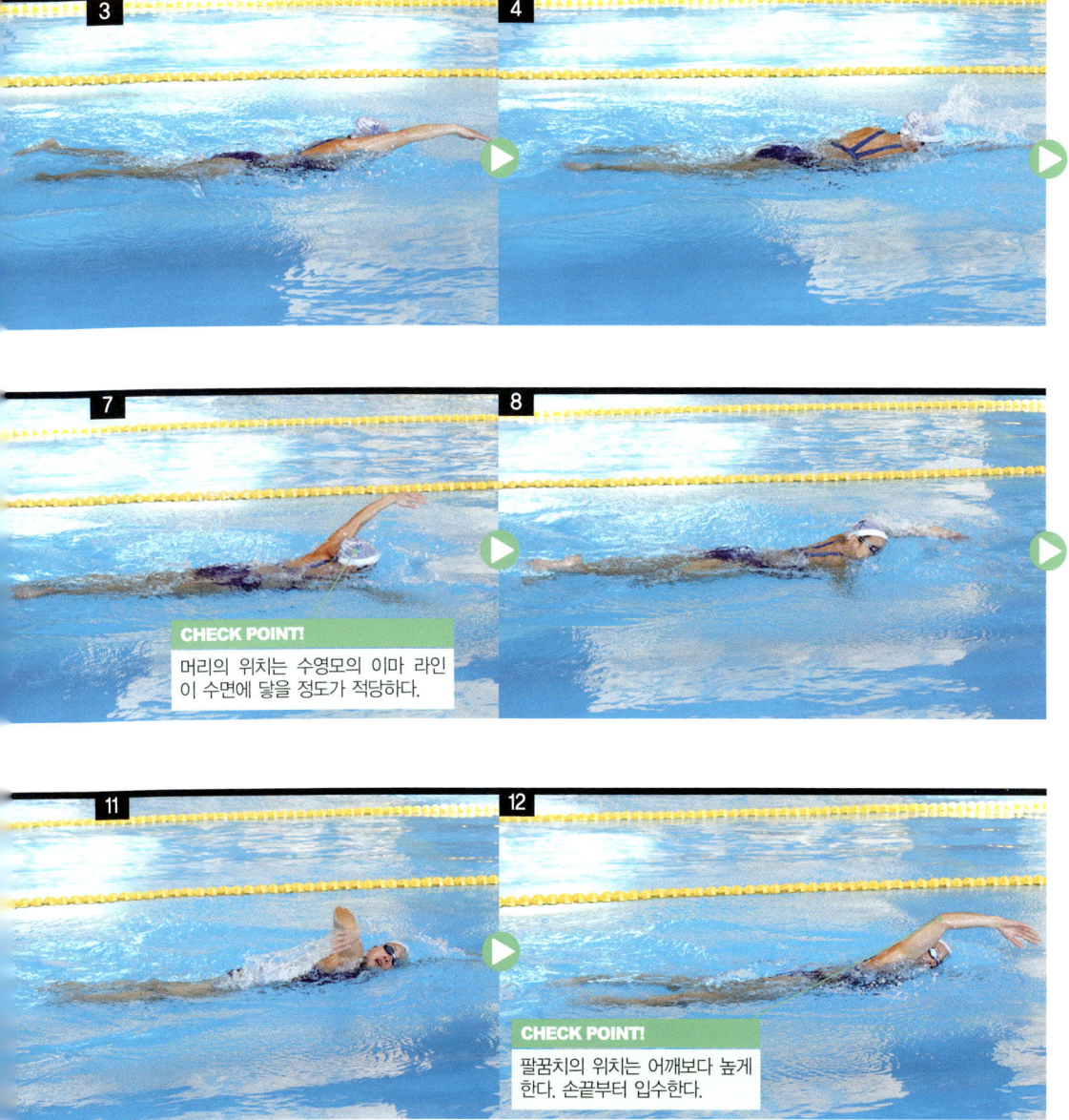

CHECK POINT!
머리의 위치는 수영모의 이마 라인이 수면에 닿을 정도가 적당하다.

CHECK POINT!
팔꿈치의 위치는 어깨보다 높게 한다. 손끝부터 입수한다.

LESSON 081 | 자유형·완성형

자유형 콤비네이션②

초급 중급 상급

· 횟수 | 25m×2회

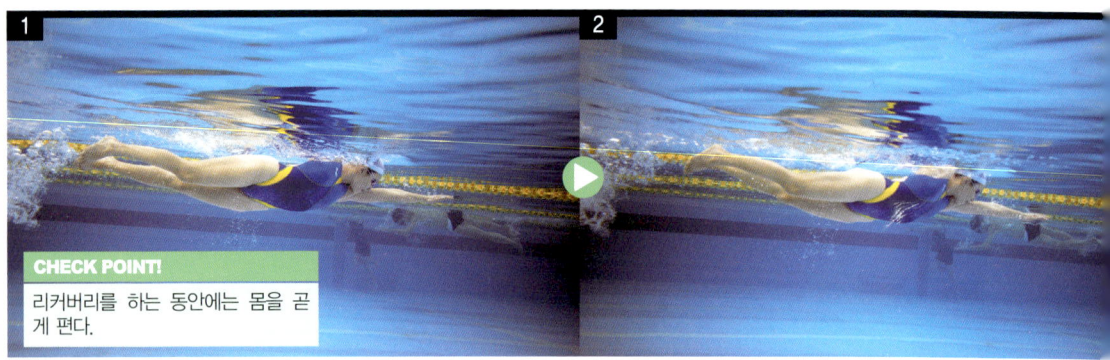

CHECK POINT!
리커버리를 하는 동안에는 몸을 곧게 편다.

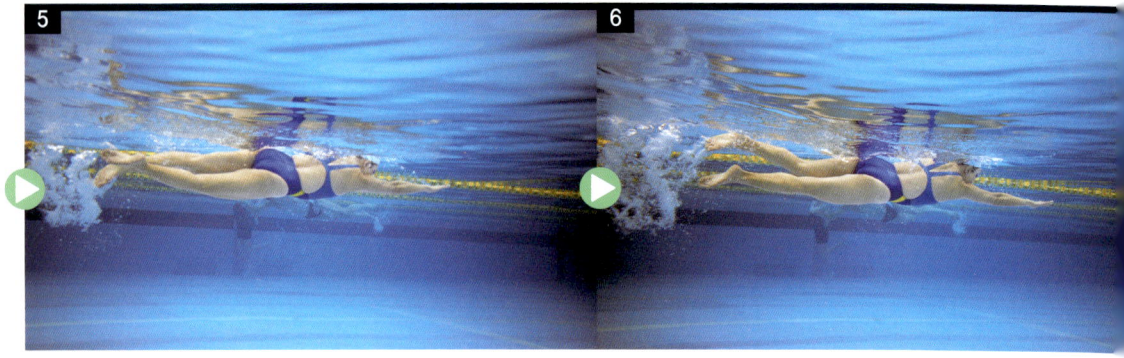

CHECK POINT!
얼굴을 옆으로 올리기 시작한다.

CHECK POINT!
팔은 배 옆을 통과한다.

POINT TIP!

얼굴을 올리는 쪽의 팔을 젓기 시작함과 동시에 호흡 동작에 들어가, 젓기가 끝났을 때 물 위에서 숨을 들이마신다. 또한 저항이 발생하므로 머리를 너무 높이 올리지 않도록 주의하자. 시선을 2~3미터 앞에 두면 자연스럽게 머리 위치가 내려간다.

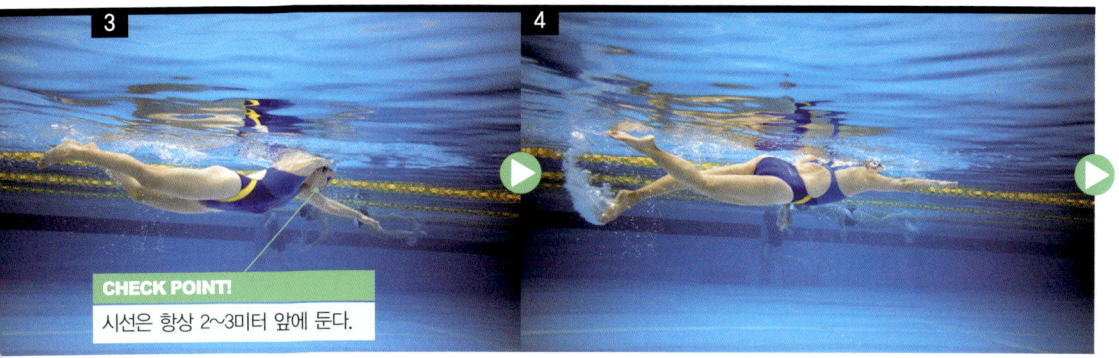

CHECK POINT!
시선은 항상 2~3미터 앞에 둔다.

CHECK POINT!
여기에서 호흡 동작에 들어간다.

CHECK POINT!
손이 허벅지에 닿을 정도의 위치에서 팔 젓기를 끝낸다.

CHAPTER 04 자유형(크롤) | 107

LESSON 082 | 자유형 · 영력 향상

초급 중급 상급

공을 쥐고 물 젓기

· 횟수 | 25m×4회

목적 ››› 캐치의 질을 높임과 동시에 하이 엘보(High Elbow) 자세를 몸에 익힌다.

공을 쥔 손가락부터 입수하면
자연스럽게 팔꿈치가 서서 하이 엘보 자세가 된다.

양손에 공을 쥐고
자유형으로 헤엄친다.

스트림라인을 의식하며
천천히 정석대로 물을 젓는다.

POINT TIP!
손바닥을 쓰지 못하기 때문에 팔 전체로 물을 캐치하는 감각을 기를 수 있다. 또한 입수 각도를 의식함으로써 팔꿈치를 높은 위치에 유지하는 하이 엘보 자세를 마스터할 수 있다.

 공의 표면부터 입수하면 팔꿈치가 낮아진다. 하이 엘보가 되려면 손가락부터 입수해야 한다.

LESSON 083 | 자유형 · 영력 향상 　　　초급　중급　상급

풀판을 사용하여 물 젓기

· 횟수 | 25m×4회

목적 》》 물의 저항이 커지기 때문에 올바른 동작으로 정확히 물을 저을 수 있게 된다.

입수할 때 손바닥과 수면의 각도는 약 45도다.
물속으로 미끄러져 들어간다는 느낌이다.

손에 풀판을 끼우고
자유형으로 헤엄친다.

물의 저항을 느끼면서
정확히 젓는다.

POINT TIP!
물의 저항이 커지기 때문에 팔의 움직임이 올바르지 않으면 앞으로 나아가지 못한다. 또한 속도를 높여서 헤엄치면 힘찬 스트로크에 필요한 근력 트레이닝도 된다.

 잘못된 각도로 입수하면 물의 저항에 부딪혀 팔꿈치가 구부러지지 않게 된다. 올바른 자세로 부드럽게 입수하도록 노력하자.

LESSON **084** | 자유형·영력 향상   초급 중급 상급

풀부이를 사용하여 헤엄치기

· 횟수 | 25m×6회

목적 »» 풀부이를 다리 사이에 끼우고 헤엄치는 연습이다. 풀을 강화하고 자세를 교정할 수 있다.

풀부이를 다리 사이에 끼우고 자유형의 풀만을 이용해 헤엄친다.

배근과 복근을 사용하여 스트림라인 자세를 안정시킨다.

평소보다도 물을 확실히 젓는다.

POINT TIP!
킥을 사용하지 못하기 때문에 풀의 강화로 이어지는 연습 메뉴다. 또한 풀부이를 다리 사이에 끼우고 헤엄치면 몸의 축이 흔들리기 때문에 스트림라인을 유지하는 연습도 된다.

 수영 자세가 흐트러지기 쉽다. 평소보다 복근과 배근을 더 사용하여 스트림라인을 유지하는 것이 중요하다.

LESSON 085 | 자유형·영력 향상

초급 중급 상급

풀판과 풀부이를 사용하여 헤엄치기

· 횟수 | 25m×6회

목적 » 다리 사이에는 풀부이를, 손에는 풀판을 끼우고 연습한다. 저항을 더욱 크게 함으로써 영력을 향상시킬 수 있다.

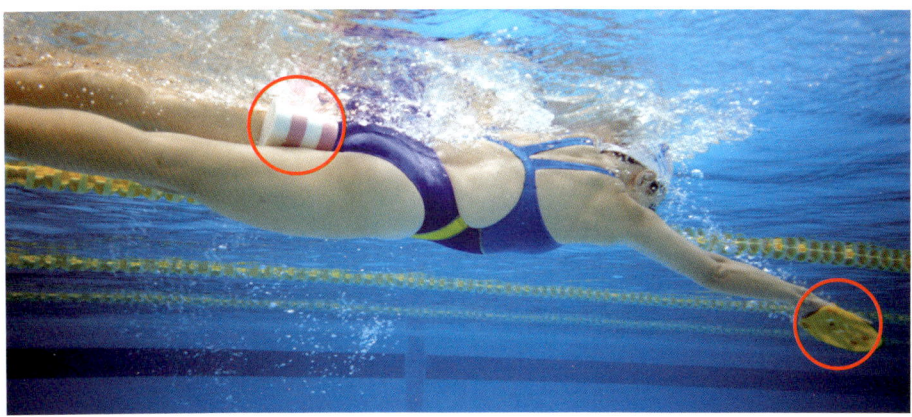

다리 사이에 풀부이를, 손에 풀판을 끼우고 자유형의 풀만을 이용해 헤엄친다.

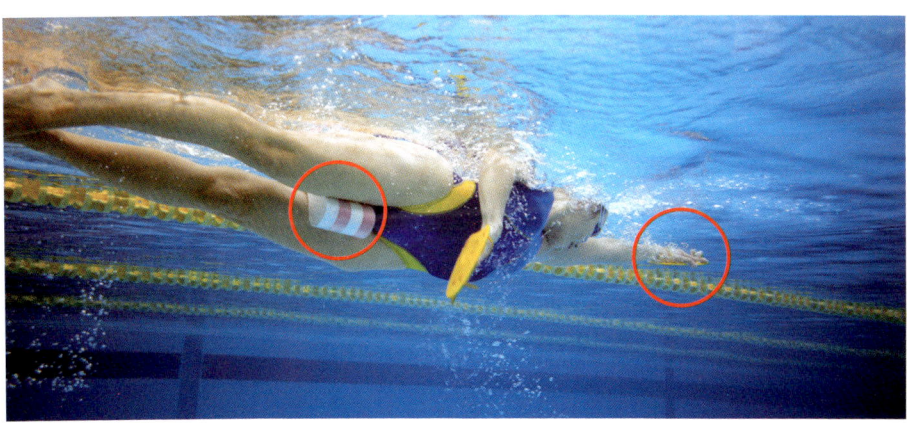

물의 저항에 지지 않도록 물을 확실히 캐치해 후방으로 밀어낸다.

POINT TIP!
풀판과 풀부이를 함께 사용해 풀 능력을 향상시키는 연습 메뉴다. 저항이 더 커지기 때문에 배근과 복근으로 자세를 안정시키면서 힘차게 풀을 해야 한다.

 올바르게 풀을 하지 않으면 금방 지치고 만다. 올바른 팔의 움직임을 떠올리며 힘을 줘서 확실히 물을 젓자.

LESSON 086 | 자유형·영력 향상

초급 중급 상급

오리발로 킥하기

· 횟수 | 25m×6회

목적 »» 자신의 힘 이상의 추진력을 얻을 수 있어 물속을 힘차게 나아가는 상쾌함을 체험할 수 있다.

발에 오리발을 끼우고 자유형으로 헤엄친다.

발목과 무릎을 뻗고 큰 리듬으로 채찍질을 하듯이 킥한다.

발목이 구부러지면 오리발이 물속에 꽂히는 듯한 형태가 되어 물을 차지 못한다.

POINT TIP!
장거리를 헤엄치고 싶은 사람, 놀이 요소를 가미하고 싶은 사람에게 추천한다. 다만 사전에 사용법을 배워 둘 필요가 있다. 발목과 무릎은 굽히지 말고 부드럽게 움직인다.

 발목이 구부러지면 오리발이 수영장 바닥과 수직이 되어 물을 캐치하지 못한다. 발목과 무릎을 곧게 펴자.

| LESSON **087** | 자유형 · 영력 향상 | | 초급 | 중급 | 상급 |

킥보드를 사용하여 킥하기

· 횟수 | 25m×6회

목적 »» 킥보드의 부력에 의지하지 않고 자세를 교정하면서 킥력을 향상시킨다.

손끝에서 발끝까지 일직선으로 만드는
스트림라인 자세를 의식한다.

자세를 안정시키고
평소보다 강하고 섬세하게 킥을 한다.

작은 크기의 킥보드에 손을 올리고
킥으로 나아간다.

POINT TIP!
작은 크기의 킥보드는 불안정하기 때문에 스트림라인을 유지하는 연습이 된다. 또한 킥을 강하게 해야 앞으로 나아갈 수 있어 영력과 근력 향상에도 도움이 된다.

 킥보드의 부력에 너무 의지하면 강한 킥이나 조정력이 몸에 배지 않는다. 일부러 불안정한 상황을 만들어 연습해보기 바란다.

| LESSON **088** | 자유형 · 영력 향상

헤드 터치

· 횟수 | 25m×4회

목적 》》 팔을 앞으로 되돌리는 리커버리 과정에서 팔꿈치를 높은 위치로 유지하는 하이 엘보를 익힌다.

물을 후방으로 밀어내고 팔꿈치, 손의 순서로 수면으로 내민다.

팔꿈치는 높은 위치를 위지하며, 어깨부터 크게 팔을 돌린다.

팔꿈치부터 앞쪽은 힘을 빼고, 손끝으로 머리를 터치한 다음 부드럽게 입수한다.

POINT TIP!
하이 엘보를 하면 최단 거리로 팔을 앞으로 되돌릴 수 있으며 입수도 부드러워진다. 팔을 곧게 편 스트레이트 암 리커버리(Straight Arm Recovery)도 틀린 자세는 아니다.

 팔을 어깨부터 크게 돌리지 않으면 헤드 터치를 할 수 없다. 견갑골을 움직이는 느낌을 가지고 롤링을 병용하면 좋을 것이다.

LESSON 089 | 자유형·영력 향상

초급 중급 상급

몸의 옆면을 만지면서 리커버리하기

· 횟수 | 좌우 각 5분

목적 >>> 몸의 옆면을 엄지손가락으로 만지면서 팔을 앞으로 되돌리는 연습이다. 리커버리 과정에서의 하이 엘보를 체감할 수 있다.

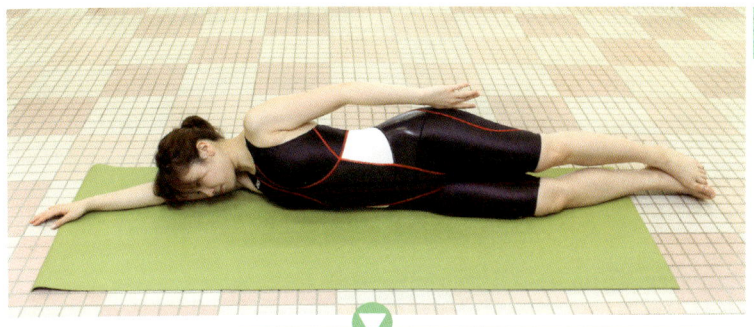

롤링에 맞추면서 물을 후방으로 밀어낸다.

팔꿈치를 굽혀 높은 위치를 유지하고, 엄지손가락으로 몸의 옆면을 만진다.

엄지손가락으로 몸의 옆면을 만지면서 손을 앞으로 되돌린다.

POINT TIP!
물속에서는 올바른 동작으로 물을 확실히 젓는 것을 잊지 말기 바란다. 물 위로 손이 나오면 몸의 옆 라인을 따라가듯이 천천히 움직인다.

 리커버리 부분은 자세가 좋고 나쁨에 대한 인상을 결정한다. 상급자가 될수록 여유 있는 리커버리를 지향하자.

CHAPTER 04 자유형(크롤) | 115

LESSON 090 | 자유형 · 영력 향상

초급 중급 상급

킥보드로 물 젓기

· 횟수 | 25m×2회

목적 ≫ 물속을 걸으며 킥보드로 물을 저음으로써 물의 저항을 확인하면서 물을 단숨에 젓는 동작을 익힌다.

걸으면서 손에 든 킥보드로
물을 젓는다.

킥보드의 면으로
물을 확실히 캐치한다.

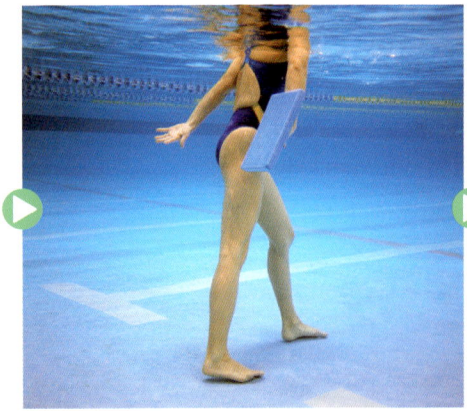

캐치한 물을
후방으로 밀어낸다.

물을 후방까지
완전히 밀어낸다.

POINT TIP!
자신의 손의 움직임을 잘 모르겠다는 사람에게 추천하는 연습 메뉴다. 자신의 눈으로 보면서 물을 젓는 동작을 확인할 수 있다. 걸으면서 하기가 힘들다면 제자리에 서서 해도 무방하다.

 물의 저항에 진다면 이 연습을 하는 의미가 없다. 가슴이나 견갑골 주변의 근육도 사용하여 물을 힘차게 밀어보자.

| LESSON **091** | 자유형 · 영력 향상 | 초급 중급 상급

코스 로프를 잡으며 나아가기

· 횟수 | 25m×1회

목적 » 코스 로프를 물이라 생각하고 물을 저음으로써 몸이 앞으로 나아가는 느낌을 파악한다.

물을 캐치하는 느낌으로
코스 로프를 잡는다.

물속에서의 팔의 움직임을 생각하며
팔을 굽힌다.

물을 미는 느낌으로
몸을 앞으로 내민다.

물을 밀어내는 느낌으로
코스 로프를 후방으로 민다.

POINT TIP!
손으로 캐치한 물에 대해 몸이 부드럽게 전방으로 나아가는 느낌을 체감할 수 있는 연습 메뉴다. 처음에는 걸으면서, 익숙해지면 헤엄치면서 해도 좋다.

 이미지 트레이닝이므로 세밀한 자세에 너무 연연해서는 안 된다. 코스 로프를 물이라고 생각하고 시도하기 바란다.

CHAPTER 04 자유형(크롤) | 117

LESSON 092 | 자유형·영력 향상

초급　중급　상급

롤링

· 횟수 | 8~10m×6회

목적 ≫ 어깨를 의식적으로 상하로 움직임으로써 롤링의 기본 동작을 마스터할 수 있다.

손은 몸쪽으로 뻗고
물장구로 전진한다.

머리의 위치는 움직이지 않은 채
오른쪽 어깨를 내리고 왼쪽 어깨는 올린다.

머리부터 발끝까지
일직선의 축을 중심으로 회전한다.

균형이 무너지지 않을 정도까지 회전시켰으면
반대쪽도 같은 요령으로 실시한다.

POINT TIP!
이 연습에서는 앞으로 나아갈 필요는 없다. 어깨를 의식적으로 위아래로 움직여보자. 마치 아이들이 어깨로 '싫어 싫어' 하는 식이다. 최대한 크게 움직이기 바란다.

 몸의 축이 형성되지 않으면 부드럽게 회전하지 못한다. 몸의 축을 중심으로 좌우 어깨가 상하로 회전하는 느낌으로 한다.

LESSON 093 | 자유형 · 영력 향상

초급 중급 상급

엄지손가락을 몸 아래로 통과시키기

· 횟수 | 10~25m×6회

목적 ≫ 물을 젓는데도 앞으로 나아가지 못하는 사람에게 물의 저항을 좀 더 강하게 느끼게 하는 연습 메뉴다.

엄지손가락이 몸의 바로 아래를 통과하듯이 저어본다.
지금까지 느낄 수 없었던 물의 저항을 느낄 것이다.

POINT TIP!
물을 젓는데도 앞으로 나아갈 수 없는 사람은 몸의 바깥쪽을 젓고 있을 가능성이 크다. 의식적으로 몸의 바로 아래를 저어보면 물의 저항을 체감할 수 있다. 풀판을 사용하면 더욱 효과적이다.

 몸 바깥쪽의 수심이 얕은 부분은 젓기 편하지만 물의 저항이 작기 때문에 아무리 저어도 앞으로 나아가지 않는 상황에 빠진다.

CHAPTER 04 자유형(크롤) | 119

⚠ Swimming Column

영력 검정 소개

영력 검정은 일본수영연맹이 주최하는 검정으로, 1급에서 5급까지 있다. 각 종목과 거리에서 각각 남녀별, 연령별로 설정된 기준 시간을 통과해야 한다. 자신의 영력을 알기 위해서라도 참가해보면 좋을 것이다.

    4급 기준 시간은 각 장의 서론에 목표로 소개되어 있으므로 여기에서는 좀 더 높은 수준을 지향하는 사람을 위해 3급 기준 시간을, 좀 더 낮은 수준부터 도전하고 싶은 사람을 위해 5급 기준 시간을 소개했다.

일본수영연맹 영력 검정 3급 기준(50m)

남자	자유형	평영	배영	접영
8세 이하	63.0	80.0	72.0	68.0
9~10세	56.0	71.0	64.0	60.0
11~12세	49.0	61.0	55.0	52.0
13~14세	41.0	51.0	46.0	44.0
15~19세	37.0	47.0	43.0	40.0
20~29세	45.0	56.0	51.0	48.0
30~39세	50.0	61.0	56.0	53.0
40~49세	55.0	66.0	61.0	58.0
50~59세	60.0	71.0	66.0	63.0
60세 이상	65.0	76.	71.0	68.0

여자	자유형	평영	배영	접영
8세 이하	63.0	80.0	72.0	68.0
9~10세	56.0	71.0	64.0	60.0
11~12세	49.0	61.0	55.0	52.0
13~14세	44.0	56.0	51.0	48.0
15~19세	41.0	51.0	46.0	44.0
20~29세	47.0	59.0	53.0	50.0
30~39세	52.0	64.0	58.0	55.0
40~49세	57.0	69.0	63.0	60.0
50~59세	62.0	74.0	68.0	65.0
60세 이상	67.0	84.0	73.0	75.0

일본수영연맹 영력 검정 5급 기준(25m)

남자	자유형	평영	배영	접영
8세 이하	35.0	44.0	40.0	43.0
9~10세	31.0	39.0	35.0	38.0
11~12세	27.0	34.0	30.0	33.0
13~14세	23.0	28.0	25.0	27.0
15~19세	20.0	28.0	24.0	25.0
20~29세	25.0	31.0	28.0	30.0
30~39세	28.0	34.0	31.0	33.0
40~49세	30.0	36.0	34.0	35.0
50~59세	33.0	39.0	36.0	38.0
60세 이상	36.0	42.0	39.0	41.0

여자	자유형	평영	배영	접영
8세 이하	35.0	44.0	40.0	43.0
9~10세	31.0	39.0	35.0	38.0
11~12세	27.0	34.0	30.0	33.0
13~14세	24.0	31.0	28.0	30.0
15~19세	23.0	28.0	25.0	27.0
20~29세	26.0	32.0	29.0	31.0
30~39세	29.0	35.0	32.0	34.0
40~49세	31.0	38.0	35.0	37.0
50~59세	34.0	41.0	37.0	40.0
60세 이상	37.0	48.0	40.0	45.

CHAPTER 05

평영
BREAST STROKE

평영은 오래 수영하는 데 적합한 영법이다. 킥이 추진력을 낳기 때문에 발의 움직임이 포인트가 된다. 먼저 25미터를 리드미컬하게 헤엄치는 연습부터 시작하자. 중급자 이상은 거리를 길게 설정하고 헤엄쳐 보자.

코치의 한 마디!

평영이란?

숙달되면 가장 긴 거리를 수영할 수 있는 영법이다. 다만 풀이나 킥, 호흡의 타이밍을 맞추기가 어려워 리듬감과 기술이 필요하다. 풀이 추진력을 내는 다른 세 가지 영법과는 달리 킥이 주된 추진력을 낸다.

ADVICE
호흡할 때 정면을 바라보기 때문에 목표를 바라보기가 용이하다.
바다를 헤엄치는 바다 수영(Open Water Swimming)에도 추천하는 영법이다.

평영의 세 가지 기본

풀 PULL

손의 움직임 모양은 '거꾸로 된 하트' 모양이다. 엔트리에서 하트의 기점이 시작되며, 캐치까지의 손의 움직임으로 하트 모양을 만든다. 그리고 손을 가슴 앞으로 모으며 '거꾸로 된 하트' 모양을 완성한다. 자유형과 마찬가지로 손의 힘을 빼고 벌려 물을 캐치하자.

두 팔을 앞으로 똑바로 뻗고 엔트리한다.

손바닥을 바깥쪽으로 향하게 하고 팔을 좌우로 벌린다.

팔꿈치를 세워서 물을 캐치한다.

캐치한 물을 끌어안듯이 손을 가슴으로 모은다.

팔을 안쪽으로 말아 넣듯이 움직이면서 손바닥을 뒤집어 앞으로 뻗는다.

숙련도	연령대별 목표
초급	물, 킥, 호흡의 타이밍을 맞추며 25미터를 수영한다.
중급	쉬면서 25미터를 4회 이상 수영한다.
상급	시간을 설정해 25미터 이상 계속 수영한다.
주니어	물, 킥, 호흡의 타이밍을 맞춘다.
시니어	물, 킥, 호흡의 타이밍을 맞추며 25미터를 수영하다.

킥 KICK

다른 영법과는 달리 평영에서는 킥이 커다란 추진력을 만들어낸다. 그래서 다리의 움직임이 올바르지 못해 앞으로 나아가지 못하는 사람이 많다. 수영장 가장자리에 앉아서 킥 연습을 해(129페이지 참고) 움직임을 중점적으로 익히자.

발뒤꿈치를 엉덩이 쪽으로 끌어당기고 발목을 바깥쪽으로 벌린다.

발목을 굽힌 채 발바닥으로 물을 캐치한다.

물을 그대로 뒤쪽으로 밀어낸다.

발목의 스냅을 활용하여 발끝을 뻗는다.

호흡 BREATH

수면에서 얼굴을 들어 올릴 때 입으로 숨을 들이마시며, 수면 밑으로 내려갔을 때 숨을 내뱉는다. 속도가 떨어지는 원인이 되므로 상체가 지나치게 수면 위로 올라오지 않도록 주의하자.

LESSON 094 | 평영 · 풀

지상에 서서 풀 연습하기

초급 / 중급 / 상급

· 횟수 | 좌우 10회
· 시간 | 약 3분

목적 »» 풀사이드에 서서 풀 동작을 확인한다. 평영의 올바른 팔 움직임을 몸에 익힌다.

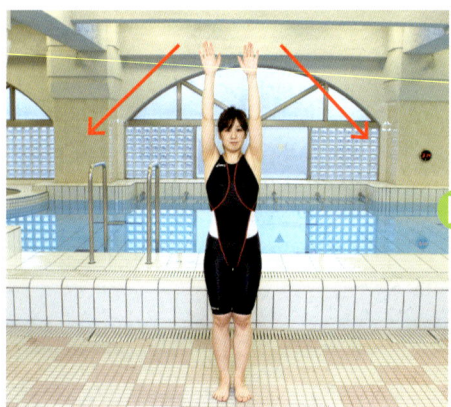

풀사이드에 서서 팔을 곧게 펴고 머리 위로 올린다.

손바닥을 아래로 향하면서 팔꿈치를 높은 위치에 유지한다(하이 엘보).

손바닥을 안쪽으로 뒤집으면서 가슴을 향해 단숨에 젓는다.

손바닥을 앞으로 향하면서 팔을 위로 뻗는다.

POINT TIP!
풀 동작을 자신의 눈으로 보면서 함으로써 올바른 자세의 이미지를 몸에 기억시킨다. 평영의 풀은 일반적으로 가슴 앞에서 '거꾸로 된 하트' 모양을 그리듯이 움직인다.

 손바닥이 뒤집어지거나 캐치를 할 때 하이 엘보가 되지 않는다면 잘못된 자세다. 거울 앞에서 확인해 보자.

LESSON 095 | 평영 · 풀

물속에 서서 풀 연습하기

초급 중급 상급

· 횟수 | 좌우 10회
· 시간 | 약 3분

목적 ››› 물속에 들어가 풀 동작을 확인한다. 가슴에서 물을 젓는 감각을 실제로 체험할 수 있다.

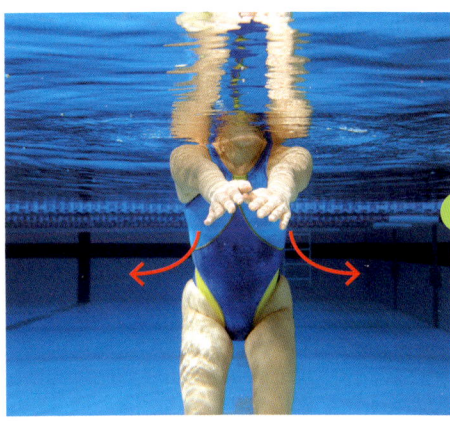

어깨까지 물에 담그고
팔을 앞으로 곧게 뻗는다.

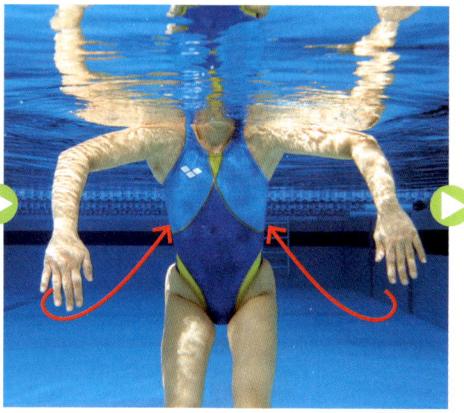

손바닥을 바깥쪽에서 후방으로 향하면서
팔꿈치를 세워 물을 캐치한다.

손바닥을 안쪽으로 뒤집으면서
캐치한 물을 가슴을 향해 젓는다.

손바닥을 아래로 향하면서
팔을 앞으로 뻗는다.

POINT TIP!
팔의 움직임에 연동하는 손바닥 방향에 주의하기 바란다. 손바닥을 바깥쪽으로 향하면서 캐치를 하고, 손바닥을 안쪽으로 뒤집으면서 물을 젓고, 리커버리에서는 손바닥을 아래로 향한다.

 캐치 부분에서 하이 엘보가 되지 않으면 추진력을 얻지 못한다. 손바닥으로 물을 확실히 캐치하는 감각을 파악하자.

| LESSON **096** | 평영 · 킥 | | 초급 | 중급 | 상급 |

풀사이드에 서서 킥 연습하기

· 횟수 | 좌우 10회
· 시간 | 약 5분

목적 ≫ 자신의 눈으로 확인하면서 평영의 킥의 기본적인 움직임을 습득한다.

풀사이드에서 한 손으로 벽을 짚고 한쪽 발로 서서 발꿈치를 엉덩이로 끌어당기면서 발목을 굽힌다.

발바닥으로 물을 밀어내는 느낌으로 찬다.

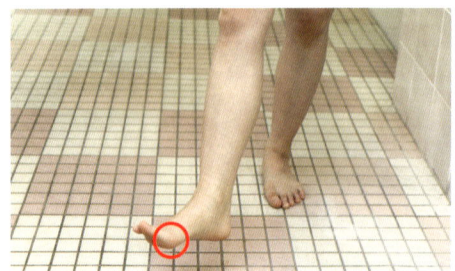

발목을 굽힌 채 발바닥으로 차 내린다.

POINT TIP!
다른 세 가지 영법과 달리 평영의 킥은 발바닥을 사용하여 물을 찬다. 이를 위해서는 발목을 굽힌다는 것을 기억해야 한다. 발꿈치를 엉덩이 쪽으로 끌어당기면서 발목을 굽힌다.

 발목이 펴져 있으면 물을 차서 추진력을 얻을 수 없다. 처음에는 물 밖에서 킥의 기본 동작을 눈으로 보며 확인하자.

LESSON 097 | 평영 · 킥

초급 중급 상급

풀사이드에 앉아 킥 연습하기

· 횟수 | 20회

목적 >>> 자신의 눈으로 확인하면서 좀 더 실전적으로 킥의 기본 동작을 익힌다.

풀사이드에 걸터앉아 양손으로 몸을 지탱하고
발꿈치를 수영장 벽 쪽으로 끌어당긴 후 발목을 굽힌다.

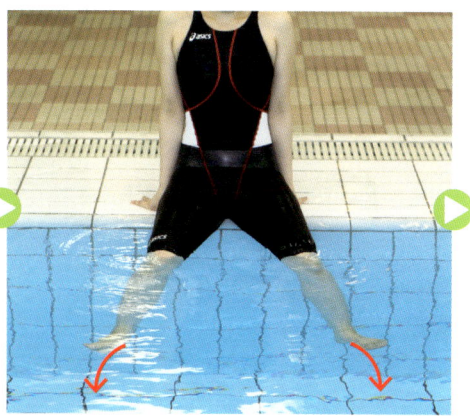

발목을 굽힌 채
타원을 그리듯이 찬다.

무릎을 곧게 뻗은
상태가 된다.

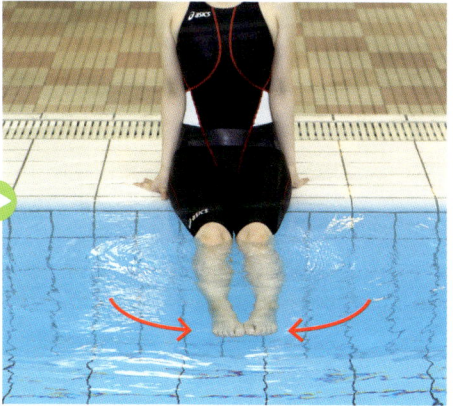

무릎이 곧게 펴졌으면 발목의 스냅을 이용하여
발목을 뻗고 발끝을 모은다.

POINT TIP!
평영의 킥은 발목과 무릎, 고관절의 세 관절을 사용하기 때문에 움직임이 복잡하다. 따라서 너무 많은 생각을 하면 동작이 부드럽지 못하게 되므로 달걀 모양을 그리듯이 발을 부드럽게 움직이자.

 움직임이 경직되지 않도록 주의하기 바란다. 이를 위해서는 눈으로 보면서 포인트를 하나하나 체크해 나가는 것이 중요하다.

LESSON 098 | 평영 · 킥

초급 중급 상급

벽 잡고 킥하기

· 횟수 | 20회

목적 >>> 실제로 수영할 때의 자세가 되어 올바른 킥 동작을 확인한다.

벽을 손으로 잡아
자세를 안정시킨다.

발목을 굽히면서 발꿈치를
엉덩이 쪽으로 끌어당긴다.

발꿈치를 엉덩이 쪽으로 끌어당긴 후 발목을 바깥쪽으로
조금 벌린다. 양 무릎의 간격은 어깨너비 정도로 벌린다.

발목을 굽힌 채 발바닥으로 물을 캐치해
후방으로 밀어낸다.

무릎을 펴는 동시에 발목의 스냅을 이용하여
발목을 뻗으며 발끝을 모은다.

한쪽 손은 풀사이드 위를 잡고,
다른 손으로는 아래를 지탱하면 자세가 안정된다.

POINT TIP!
이 연습에서는 스트림라인도 의식하는 것이 포인트다. 또한 발꿈치를 엉덩이 쪽으로 끌어당길 때는 허벅지가 배에 닿지 않도록 주의하자.

 발끝으로 물을 가르거나 발등으로 물을 미는 상태를 '시저스 킥(Scissors Kick)'이라고 한다. 발목을 굽혀서 발바닥으로 물을 캐치하자.

LESSON 099 | 평영·킥

초급 중급 상급

킥보드 잡고 킥하기

· 횟수 | 25m×6회

목적 》》 수영할 때의 자세를 유지하며 평영의 킥으로 전진하는 감각을 느낀다.

손을 킥보드에 올려놓고 평영 킥으로 전진한다.

발목을 굽히면서 발꿈치를 엉덩이 쪽으로 끌어당긴다.

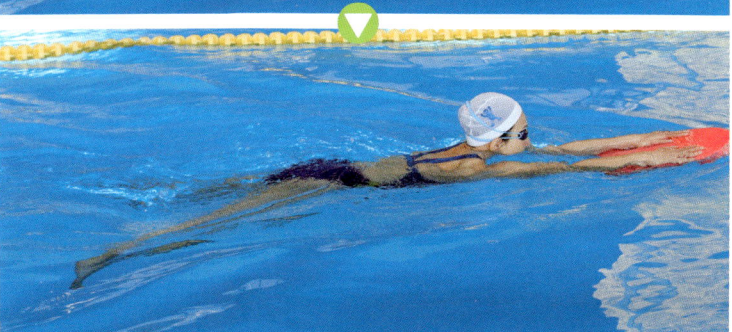

발목을 굽힌 채 발바닥으로 물을 캐치해 후방으로 밀어낸다.

POINT TIP!
킥보드의 부력을 이용하여 킥으로 전진한다. 허리가 가라앉지 않도록 주의하며 스트림라인을 유지하는 것이 중요하다. 올바르게 킥을 하면 앞으로 나아간다.

 스트림라인이 무너지면 아무리 올바른 동작으로 킥을 해도 앞으로 나아가지 못한다. 킥을 끝내면 항상 스트림라인을 의식하자.

LESSON 100 | 평영·킥

얼굴을 물에 담그고 킥하기

초급 중급 상급

· 횟수 | 25m×6회

목적 》》 킥보드의 부력을 이용하여 기본자세를 의식하면서 앞으로 나아가는 감각을 파악한다.

손을 킥보드에 올려놓고 스트림라인 자세를 취하며 평영 킥으로 전진한다.

발목을 굽히면서 발꿈치를 엉덩이 쪽으로 끌어당긴다.

발꿈치를 엉덩이 쪽으로 끌어당긴 후 발목을 조금 바깥쪽으로 벌린다.

발목을 굽힌 채 발바닥으로 물을 캐치해 후방으로 밀어낸다.

타원형을 그리듯이 발을 찬다.

무릎을 폄과 동시에 발목의 스냅을 이용하여 발목을 펴고 발끝을 모은다.

POINT TIP!
다음 연습인 '차고 뻗기 후 킥하기'로 이어지는 연습이다. 머리는 물속에 담그고 스트림라인 자세를 의식하기 바란다. '킥보드 킥'보다 좀 더 실제적인 이미지를 파악할 수 있을 것이다.

 머리가 들리면 올바른 기본 자세를 유지할 수 없다. 관자놀이를 양팔 사이에 끼운 스트림라인 자세로 킥을 하기 바란다.

LESSON 101 | 평영·킥

차고 뻗기 후 킥하기

초급 중급 상급

· 횟수 | 10~25m×6회

목적 » 스트림라인 자세를 의식하면서 올바른 킥으로 전진하는 감각을 익힌다.

벽을 찰 준비를 한다.

양팔을 앞으로 곧게 뻗고 숨을 들이마신 다음 얼굴을 물에 담그고 양 발바닥을 벽에 댄다.

양발로 벽을 천천히 차면서 스트림라인 자세를 취한다.

앞으로 나아가는 속도가 떨어지면 발꿈치를 엉덩이 쪽으로 끌어당긴다.

발바닥으로 물을 캐치하고 타원형을 그리듯이 발을 움직여 후방으로 밀어낸다.

무릎을 펴고 다리를 닫는다.

POINT TIP!
풀과 킥을 모두 수중에서 하는 평영은 다른 세 영법에 비해 물의 저항을 받기 쉬운 종목이다. 풀과 킥 후에 그 추진력을 살리기 위해 스트림라인 자세를 취할 필요가 있다.

 강하게 차려는 생각에 무릎을 지나치게 굽히면 허벅지가 세워져 물의 저항을 받고 만다. 배와 허벅지의 각도는 110~130도가 가장 좋다.

LESSON 102 | 평영·킥

초급 중급 상급

누워서 킥하기

· 횟수 | 25m×4회

목적 》》 누운 자세로 평영 킥을 하는 연습이다. 물의 저항을 잘 받지 않는 킥을 몸에 익힌다.

누운 자세로 떠서 양손은 몸 옆쪽에 둔다. 그 다음 평영 킥으로 전진한다.

발목을 굽히고 발꿈치를 엉덩이 쪽으로 끌어당긴다.

발바닥으로 물을 캐치해 후방으로 밀어낸다.

POINT TIP!
발꿈치를 엉덩이 쪽으로 끌어당길 때 무릎을 지나치게 굽혀서 허벅지가 서 버리는 사람에게 추천하는 연습 메뉴다. 물의 저항을 잘 받지 않는 배와 허벅지의 적정한 각도를 몸에 익힐 수 있다.

 발꿈치를 엉덩이 쪽으로 끌어당겼을 때 무릎이나 허벅지가 수면 위로 나왔다면 무릎을 지나치게 굽혔을 가능성이 있다.

LESSON 103 | 평영·킥

초급 중급 상급

발꿈치에 손가락 걸기

· 횟수 | 10m×4회

목적 》》 자신의 손가락으로 발꿈치를 당겨 발바닥으로 물을 캐치하는 감각을 파악한다.

다리를 모으고
스타트한다.

무릎을 굽히고 발꿈치를
엉덩이 쪽으로 끌어당긴다.

양손은 몸 쪽에 두며 발목을 굽히고
발꿈치를 엉덩이 쪽으로 끌어당긴다.

양손으로 발꿈치를
강하게 쥔다.

발꿈치에 건 손가락을
힘차게 차낸다.

타원형을 그리듯이 발을 내리고
발끝을 모은다.

POINT TIP!
계속 시저스 킥을 해서 발바닥으로 물을 잘 캐치하지 못하는 사람에게 추천하는 연습 메뉴다. 자신의 손을 물이라고 생각함으로써 발바닥에 물이 걸리는 느낌을 파악할 수 있다.

 발꿈치를 잡는 데 너무 집착하면 자세가 무너진다. 이미지 트레이닝이므로 앞으로 나아가지 못해도 상관없다.

LESSON 104 | 평영 · 킥

파트너와 킥 연습하기

· 횟수 | 25m×2회

목적 》》 파트너의 힘을 빌려서 차며 전진하는 느낌을 파악하는 연습 메뉴다.

파트너는 손으로 영자(泳者)의 양발을 잡는다.

영자는 파트너의 손을 벽이라고 생각하고 힘차게 찬다. 발을 떼지 않고 이것을 2~3회 반복한다.

영자가 찬 뒤에 파트너는 손을 놓는다.

POINT TIP!
열심히 킥을 하는데도 전혀 앞으로 나아가지 못하는 사람에게 추천하는 연습 메뉴다. 파트너가 밀어 줌으로써 벽을 차고 앞으로 나아가는 감각을 얻을 수 있다.

 기본이 되는 스트림라인이 형성되지 않으면 추진력을 얻을 수 없다. 파트너가 밀어주면 올바른 자세를 유지하자.

LESSON 105 | 평영·킥과 호흡

얼굴을 물에 담그고 킥보드 킥하기 ①-2킥 1호흡

초급 / 중급 / 상급

· 횟수 | 25m×6회

목적 》》 킥보드의 부력을 이용하여 킥과 호흡 동작을 연동시킨다.

손을 킥보드에 올리고 물에 얼굴을 담근 채
평영 킥으로 전진한다.

발목을 굽히면서 발꿈치를
엉덩이 쪽으로 끌어당긴다.

발바닥으로 물을 캐치해
그대로 후방으로 차낸다(두 번째 킥).

스트림라인 자세를 취하고
잠시 얼굴을 들어 호흡을 한다.

얼굴을 물에 담그고
첫 번째 킥을 시작한다.

두 번째 킥을 했으면 잠시 사이를 두고 호흡한다.
이것을 반복하며 긴 거리를 헤엄친다.

POINT TIP!
두 번째 킥을 한 뒤 스트림라인 자세를 취하고, 잠시 시간을 둔 다음 호흡을 한다. 이렇게 하면 항상 스트림라인을 의식하며 수영할 수 있게 된다.

 두 번째 킥을 한 뒤 바로 호흡을 하는 것은 좋지 않다. 킥은 천천히 하고, 두 번째 킥을 해 쭉 나아간 다음 호흡을 한다.

LESSON 106 | 평영 · 킥과 호흡

초급 중급 상급

얼굴을 물에 담그고 킥보드 킥하기②-1킥 1호흡

· 횟수 | 25m×6회

목적 》》 킥보드의 부력을 이용하여 킥과 호흡 동작의 타이밍을 익힌다.

손을 킥보드에 올려놓고 얼굴을 물에 담근 채 평영 킥으로 전진한다.

킥을 한 다음 얼굴을 수면으로 든다.

숨을 들이마시면서 다음 킥 준비를 시작한다.

얼굴을 물속으로 되돌리면서 발목을 굽히고 발꿈치를 엉덩이 쪽으로 끌어당긴다.

발바닥으로 물을 캐치해 후방으로 차낸다.

발을 곧게 뻗어 스트림라인 자세를 취한다.

POINT TIP!
평영 호흡 동작의 기본은 1킥 1호흡이다. 좀 더 실전에 가까운 연습 메뉴다. 킥을 한 다음 스트림라인 자세를 취하고, 조금 시간을 두고 호흡 동작에 들어간다.

 킥을 많이 한다고 해서 빠르게 나아갈 수 있는 것이 아니다. 킥으로 얻은 힘을 추진력으로 바꾸려면 스트림라인 자세가 필요하다.

LESSON 107 | 평영 · 킥과 호흡

초급 중급 상급

차고 뻗기 후 킥하기①-2킥 1호흡

· 횟수 | 25m×6회

목적 》》 스트림라인 자세를 의식하면서 킥과 호흡 동작의 타이밍을 파악한다.

양손을 전방으로 뻗고 얼굴을 물에 담근 뒤 평영 킥으로 전진한다.

두 번째 킥을 한다.

스트림라인 자세를 취하고 잠시 시간을 비운다. 이때 시선은 2~3미터 앞에 둔다.

수면 위로 얼굴을 들고 숨을 들이마시면서 첫 번째 킥을 시작한다.

얼굴을 물에 담고 발바닥으로 캐치한 물을 후방으로 밀어낸다.

무릎을 뻗고 발끝을 모아 스트림라인 자세를 취한다.

POINT TIP!
여기에서는 시선이 포인트다. 킥보드를 사용한 연습에서는 시선을 아래로 향했지만, 이 연습에서는 2~3미터 앞을 본다. 두 번째 킥을 한 다음 시선에 주의하면서 스트림라인을 의식한다.

 시선을 앞으로 향하려 하면 턱이 들리고 허리가 가라앉기 쉬워지니 주의하자. 턱을 끌어당기며 시선은 앞을 향하고, 양팔을 관자놀이에 붙인다.

LESSON 108 | 평영 · 킥과 호흡 　초급　중급　상급

차고 뻗기 후 킥하기②-1킥 1호흡

· 횟수 | 25m×6회

목적 》》 스트림라인 자세를 의식하면서 킥과 호흡 동작의 타이밍을 익힌다.

킥을 끝내면 스트림라인 자세를 취한다.

수면 위로 얼굴을 들고 숨을 들이마시면서 발목을 굽히고, 발꿈치를 엉덩이 쪽으로 끌어당긴다.

얼굴을 물속으로 되돌리고 발바닥으로 물을 캐치해 후방으로 밀어낸다.

무릎을 뻗고 발끝을 모아 스트림라인 자세를 취한다.

수면 위로 얼굴을 들고 숨을 들이마시면서 발목을 굽히고, 발꿈치를 엉덩이 쪽으로 끌어당긴다.

얼굴을 물속으로 되돌리고 발바닥으로 물을 캐치해 후방으로 밀어낸다.

POINT TIP!
이 연습에 풀을 더하여 평영이 완성되는 수준까지의 킥과 호흡 동작의 타이밍을 맞춰 나가자. 스트림라인 자세를 의식하는 것을 잊지 말도록 한다.

 수면 위로 얼굴을 들어 숨을 들이마실 때 턱이 너무 들리면 자세가 무너지고 만다. 턱은 수면에 닿을 듯 말 듯한 정도로 들도록 한다.

LESSON 109 | 평영 · 풀과 킥

초급 중급 상급

걸으면서 손 젓기

· 횟수 | 25m×4회

목적 » 수영을 한다는 느낌으로 걸으면서 킥과 풀의 타이밍을 확인하는 연습이다.

수영장 속을 걸으면서 풀 동작을 한다.

물속으로 머리를 담그고 스트림라인을 의식한다.

팔을 저으면서 얼굴을 수면 위로 내밀어 호흡한다.

물속으로 머리를 담그고 스트림라인을 의식한다.

POINT TIP!
평영의 타이밍은 '팔을 저었으면 차기'가 기본이다. 동작의 순서는 풀→호흡→킥→스트림라인을 반복한다. 가장 중요한 것은 킥을 한 후의 스트림라인이다.

 평영은 타이밍이 어긋나면 아무리 힘이 좋은 사람이라도 앞으로 나아가지 못한다. 타이밍 잡기가 힘들면 걸으면서 동작을 반복하자.

LESSON 110 | 평영·완성형

평영 콤비네이션 ① – 수면

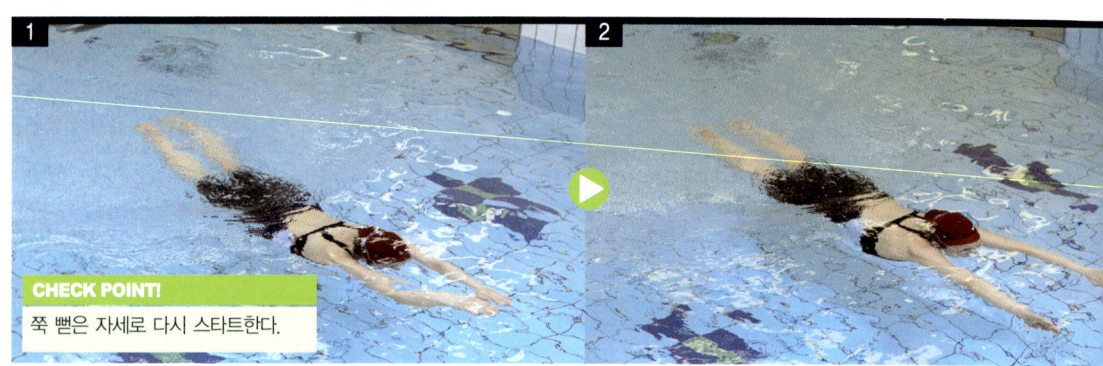

CHECK POINT!
쭉 뻗은 자세로 다시 스타트한다.

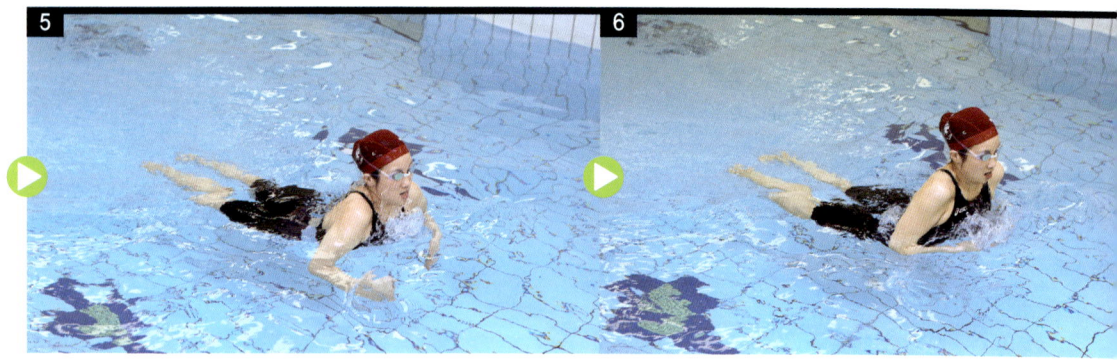

목적 》》 호흡을 하면서 평영으로 25미터를 수영한다.
수영을 하면서 습득한 기술을 다시 한 번 확인한다.

| LESSON **110** | 평영·완성형

평영 콤비네이션②-수중

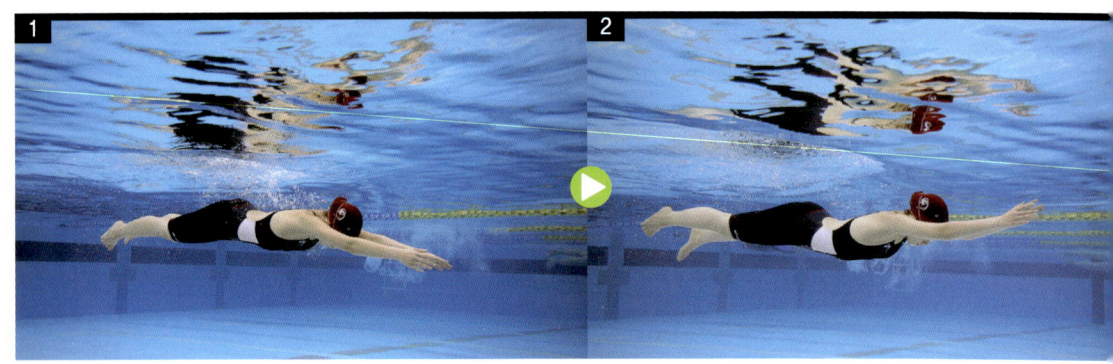

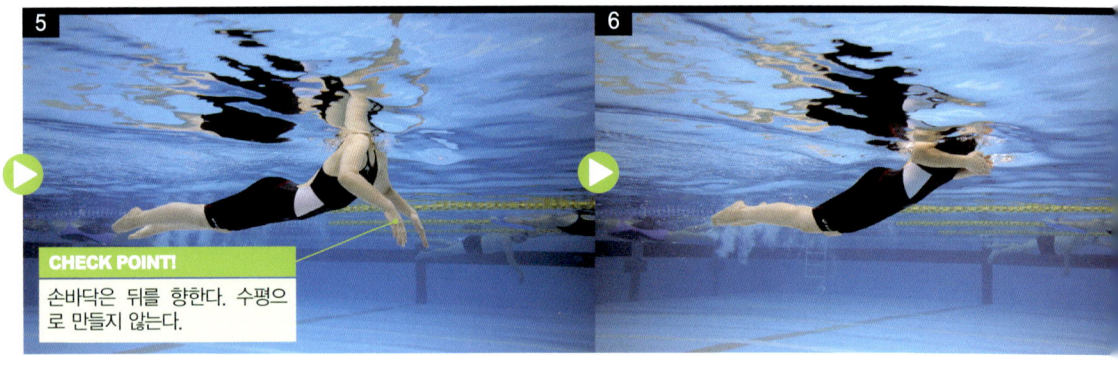

CHECK POINT!
손바닥은 뒤를 향한다. 수평으로 만들지 않는다.

CHECK POINT!
무릎이 배 쪽으로 지나치게 붙지 않도록 한다.

CHECK POINT!
체중을 손끝에 싣고 수면으로 잠수하는 느낌이다.

POINT TIP!
손발을 계속 움직이는 것이 아니라 호흡이 끝난 다음 몸을 뻗을 시간을 두면 자유롭게 전진할 수 있다. 천천히 1, 2, 3 숫자를 세자. 엉덩이가 들리면 추진력이 떨어지므로 무릎을 지나치게 끌어당기지 않도록 한다.

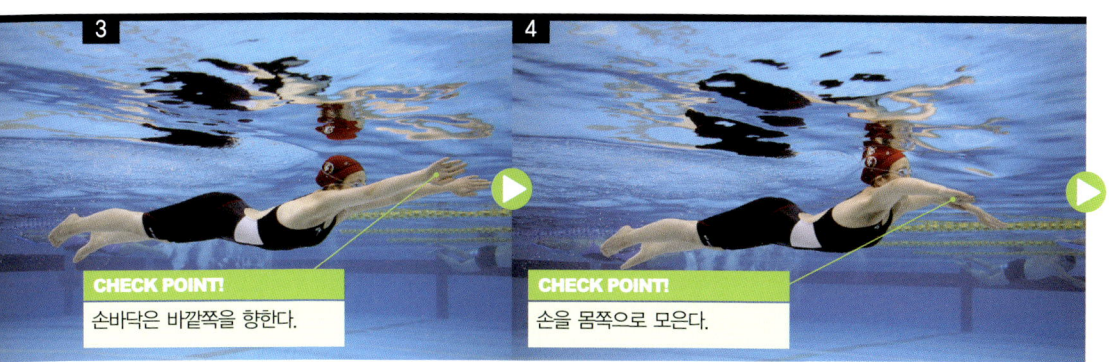

CHECK POINT!
손바닥은 바깥쪽을 향한다.

CHECK POINT!
손을 몸쪽으로 모은다.

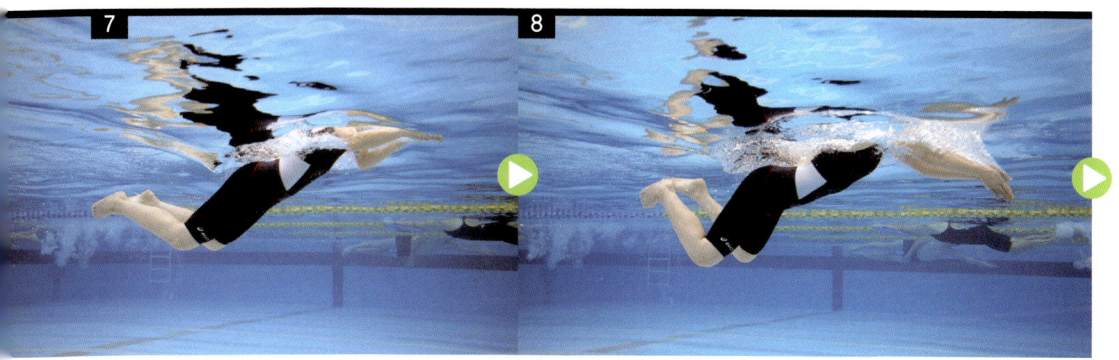

CHECK POINT!
킥이 끝나면 몸을 곧게 편다.

CHAPTER 05 평영 | 145

| LESSON **111** | 평영·영력 향상 | 초급 중급 **상급**

외발 킥

· 횟수 | 25m×4회

목적 ≫ 한쪽 발씩 교대로 킥을 하여 킥을 강화하는 연습 메뉴다.

스트림라인으로 출발하여 왼발은 뻗은 채로, 오른발 뒤꿈치는 엉덩이 쪽으로 끌어당긴다.

오른쪽 발바닥으로 캐치한 물을 후방으로 밀어낸다.

킥을 한 뒤에는 스트림라인 자세를 취하고, 마찬가지 요령으로 왼발로 킥을 한다.

POINT TIP!
손은 앞으로 뻗은 채 한쪽 발로 번갈아 차며 전진한다. 양발을 좌우 대칭으로 사용할 수 있도록 보정하고 강화하는 연습이다. 차는 속도는 '느리게'부터 '빠르게'까지 자유롭게 변형시키자.

 킥에 좌우 차이가 있는 사람은 똑바로 나아가지 못한다. 어느 한 쪽의 킥이 서툴다면 기본으로 되돌아가 올바른 킥 동작을 익히자.

LESSON 112 | 평영·영력 향상

초급 중급 상급

한 손 평영

· 횟수 | 25m×6회

목적 >>> 한쪽 팔로만 평영을 한다. 자세를 강화하고 호흡 타이밍을 파악할 수 있다.

| 스트림라인 자세를 취한다.

| 왼손은 앞으로 뻗은 채 움직이지 않는다. 호흡과 동시에 오른손으로 풀을 시작한다.

| 오른손으로 캐치한 물을 저으면서 킥을 시작한다.

| 오른손을 전방으로 리커버리하면서 얼굴은 물속으로 집어넣는다. 그 다음 발꿈치를 엉덩이 쪽으로 끌어당긴다.

| 발바닥으로 캐치한 물을 후방으로 밀어낸다.

| 무릎과 발목을 뻗어 스트림라인 자세로 되돌아간다.

POINT TIP!
한쪽 팔로만 평영을 함으로써 일부러 균형을 불안정하게 만들어 자세를 강화하는 상급자용 연습 메뉴다. 또한 호흡 동작의 타이밍을 파악하기 위한 연습도 된다.

NG! 한쪽 손만 움직이려고 생각하지만 자기도 모르게 다른 한쪽 손도 움직이기 쉽다. 젓지 않는 쪽의 손은 전방으로 곧게 뻗자.

LESSON 113 | 평영·영력 향상

초급 중급 상급

· 횟수 | 25m×6회

풀판을 사용하여 물 젓기

목적 》》 물을 많이 캐치하며 몸 전체를 사용하여 상체가 앞쪽으로 뜨는 감각을 체험한다.

손에 풀판을 끼우고 평영으로 헤엄친다. 양손을 벌려 물을 캐치한다.

팔꿈치를 높은 위치에 유지시키며 물을 가슴으로 끌어당긴다.

속도를 높이면서 물을 저어 나간다.

POINT TIP!
많은 물을 캐치할 수 있기 때문에 더욱 강한 추진력을 얻을 수 있어 상체가 앞쪽으로 뜨듯이 이동하는 감각을 파악할 수 있다. 또한 이 연습은 풀에 필요한 근력 향상에도 도움이 된다.

 물의 저항에 지지 않도록 힘차게 젓는다. 다만 몸에 불필요한 힘이 들어가서는 안 된다. 물을 젓는 속도를 높이자.

LESSON 114 | 평영 · 영력 향상

풀부이를 사용하여 헤엄치기

· 횟수 | 25m×6회

초급 중급 상급

목적 ››› 풀부이를 다리 사이에 끼워 풀을 강화하고 자세를 교정하는 연습 메뉴다.

풀부이를 다리 사이에 끼우고 평영의
풀 동작으로 헤엄친다.

배근과 복근을 사용하여
스트림라인 자세를 안정시킨다.

POINT TIP!
일부러 킥을 사용하지 않아 풀을 강화하는 연습이다. 또한 풀부이를 다리 사이에 끼우고 헤엄치면 몸의 축이 쉽게 흔들리기 때문에 스트림라인을 유지하는 연습도 된다.

 자세가 흐트러지기 쉽다. 평소보다 복근과 배근을 더 사용하여 스트림라인을 유지하는 것이 중요하다.

LESSON 115 | 평영 · 영력 향상

초급 중급 상급

· 횟수 | 25m×2회

전방으로 서서 헤엄치기

목적 ››› 발 전체로 물의 저항을 느껴 평영 킥의 움직임으로 연결시킨다.

상체는 곧게, 허리 아래쪽은 의자에 앉은 듯한 자세를 취한다.

고관절은 크게 벌리고 물 밟기, 시저스 킥, 로터리 킥(Rotary Kick)으로 헤엄친다.

후방으로 살짝 강하게 차면 앞으로 나아간다.

발 전체로 물의 저항을 느낀다.

POINT TIP!
밟듯이 차는 '물 밟기', 발등으로 차는 '시저스 킥', 무릎을 축으로 발을 감듯이 차는 '로터리 킥'을 사용해 헤엄친다. 발을 자유롭게 움직이는 사이에 자연스럽게 할 수 있게 된다.

NG! 평영의 킥이 서툰 사람은 그 자리에 멈춰 있을 수는 있어도 전진이나 후진은 어렵게 느낀다. 로터리 킥 연습을 해보자.

LESSON 116 | 평영 · 영력 향상   초급 중급 상급

후방으로 서서 헤엄치기

· 횟수 | 25m×2회

목적 »» 발 전체로 물의 저항을 느껴 평영 킥의 움직임으로 연결시킨다.

상체는 곧게, 허리 아래쪽은 의자에 앉은 듯한 자세를 취한다.

고관절은 크게 벌리고 물 밟기, 시저스 킥, 로터리 킥으로 헤엄친다.

전방으로 살짝 강하게 차면 뒤로 나아간다.

발 전체로 물의 저항을 느낀다.

POINT TIP!
처음에는 '물 밟기'만으로 충분하다. '물 밟기'를 할 수 있게 되었다면 무릎 아래를 교차로 회전시켜 보자. 이 움직임을 '로터리 킥'이라고 하며, 평영의 킥 움직임과 동일하다.

 평영의 킥을 할 때 발목을 사용하지 않는 사람에게도 추천하는 연습 메뉴다. 항상 발목을 사용하기 때문에 킥을 할 때 굽히는 감각을 몸에 익힐 수 있다.

LESSON 117 | 평영·영력 향상

초급 중급 상급

공을 턱에 끼우고 연습하기

· 횟수 | 25m×4회

목적 » 공을 턱에 끼워서 속도가 떨어지지 않는 부드러운 호흡을 몸에 익힌다.

턱과 목 사이에 공을 끼우고
평영으로 헤엄친다.

공이 떨어지지 않도록 턱을 끌어당긴 채
호흡 동작에 들어간다.

팔을 젓는 동시에 몸 전체를 들어 올려
호흡한다.

POINT TIP!
호흡을 할 때 턱이 들리면 몸이 가라앉으며, 머리가 수면 위로 지나치게 올라와 속도가 떨어지는 원인이 된다. 팔을 젓는 동시에 몸 전체가 대각선 앞으로 들려 올라가는 듯한 호흡이 이상적이다.

 호흡을 할 때 공이 떨어지는 사람은 턱이 들린다는 증거다. 수면에 얼굴을 올리는 것이 아니라 몸 전체를 들어 올린다는 느낌을 갖자.

LESSON 118 | 평영·영력 향상
한 번 젓고 한 번 차기 ①

· 횟수 | 8~10m×4회

목적 》》 수영 속도를 높이는 스타트와 턴 직후의 자세를 익힌다.

스타트를 한 다음 스트림라인 자세를 취하고
'한 번 젓기'를 시작한다.

양손으로 접영의 풀과 같이
후방까지 단숨에 젓는다.

양손을 앞으로 되돌리면서
'한 번 차기'를 시작한다.

발목을 굽히고 발꿈치를 엉덩이 쪽으로
끌어당긴다.

발바닥으로 물을 캐치해
후방으로 밀어낸다.

스트림라인 자세를 취하고
수면으로 떠오른다.

POINT TIP!
네 가지 영법 중에 평영만 스타트와 턴 직후에 물속에서 '한 번 젓고 한 번 차기' 동작이 규칙 상 허용된다. 이 동작을 할 수 있게 되면 속도 향상이 가능해진다.

 물속에서 '한 번 젓고 한 번 차기' 이외의 동작을 하면 정식 대회에서는 실격이다. 올바른 동작을 몸에 익히자.

한 번 젓고 한 번 차기 ②

· 횟수 | 8~10m × 4회

목적 ››› 수영 속도를 높이는 스타트와 턴 직후의 자세를 익힌다.

스타트를 한 다음 스트림라인 자세를 취한다.

'한 번 젓기'로 양손을 사용하여 후방까지 단숨에 젓는다.

손을 젓는 동시에 돌핀 킥을 함께 한다.

양손을 앞으로 되돌리면서 '한 번 차기'를 시작한다.

발목을 굽히고 발꿈치를 엉덩이 쪽으로 끌어당긴다.

발바닥으로 물을 캐치해 후방으로 밀어내고, 스트림라인 자세를 취하며 수면으로 떠오른다.

POINT TIP!

2004 아테네 올림픽 이후로 '한 번 젓기'와 동시에 '돌핀 킥 1회'가 허용되어, 선수들 사이에서는 이 방법이 주류가 되었다. 자신에게 편한 쪽을 선택하자.

 새로운 영법이 반드시 빠른 것은 아니다. 사람에 따라 맞을 수도 있고 맞지 않을 수도 있다. 양쪽 모두 시도해보고 자신에게 맞는 쪽을 선택하기 바란다.

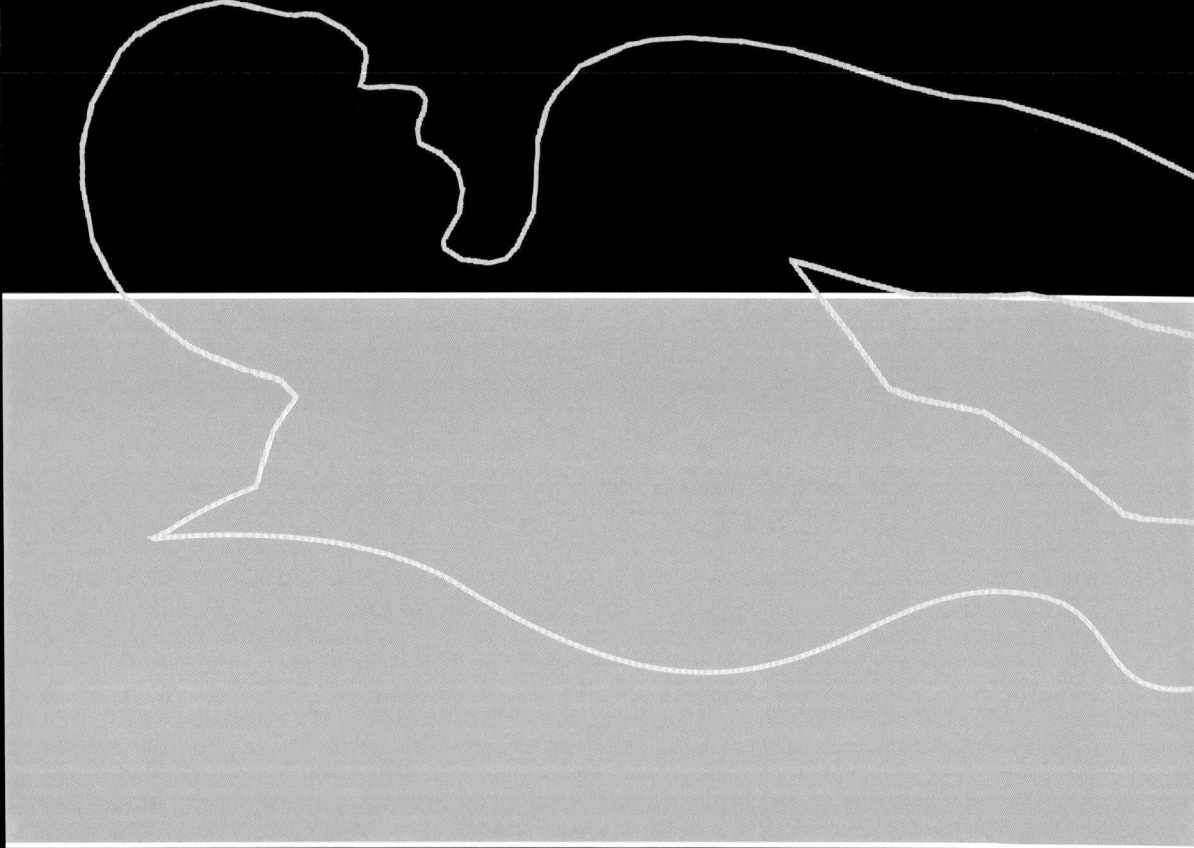

CHAPTER 06

배영
BACK CRAWL STROKE

배영은 다른 세 영법과 달리 누운 자세로 수영을 한다. 그러나 자유형과 공통점도 많기 때문에 자유형을 마스터한 다음에 연습하면 실력이 빠르게 향상될 것이다. 호흡이 서툰 사람에게도 최적의 영법이다.

코치의 한 마디!

배영이란?

배영은 등을 수면으로 향하고 헤엄친다. 얼굴이 항상 수면 위로 나와 있기 때문에 호흡이 서툰 사람은 배영부터 익히는 것도 좋은 방법이다. 발로 물장구를 치고 팔을 좌우 교대로 돌리는 점 등 자유형과 공통점도 많아서 자유형의 풀과 킥을 할 수 있으면 마스터하기 쉬운 영법이다. 물로 뛰어들지 않고 물속에서 스타트를 한다.

호흡이 힘든 사람은 턱을 살짝 당기고 힘을 빼고 호흡하며 팔을 천천히 움직이면 된다.

배영의 세 가지 기본

풀 PULL

팔을 어깨부터 크게 돌리도록 의식하며, 물속에서 부드러운 곡선을 그리듯이 움직이자. 자유형과는 회전이 반대가 되는데, 킥을 포함해 자유형을 180도 회전시킨 영법이라고 생각하면 어렵게 느껴지지 않을 것이다.

팔을 곧게 펴고 새끼손가락부터 엔트리한다.

손목과 팔꿈치를 가볍게 굽혀 물을 캐치한다.

캐치한 물을 후방으로 젓는다(풀).

허벅지 위치까지 물을 밀어내며 피니시한다.

숙련도	연령대별 목표
초급	타이밍 좋게 손을 회전시키며 가라앉지 않고 25미터를 수영한다.
중급	쉬면서 25미터를 4회 이상 수영한다.
상급	시간을 설정하여 25미터 이상을 계속해서 수영한다.
주니어	손의 타이밍을 일정하게 하며 25미터를 수영한다.
시니어	손발을 천천히 움직이며 25미터를 수영한다.

기본적으로는 자유형의 킥과 같다. 다만 차내리기(수면→수중)보다 차올리는(수중→수면) 킥을 의식하는 것이 포인트다. 허리를 받침점으로 허벅지부터 움직여 무릎 아래, 발목 순서로 채찍이 휘어지듯이 차올리며, 발목을 유연하게 하여 발등으로 물을 찬다. 양손을 한 번씩 젓는 동안(1스트로크)에 6회 킥을 하는 6비트가 일반적이다. 풀사이드에 걸터앉아 킥 연습을 하여 감각을 익히자.

얼굴을 물 위로 내놓고 헤엄치기 때문에 항상 호흡을 할 수 있다고 생각하기 쉽지만, 리드미컬하게 헤엄치기 위해서라도 호흡의 타이밍을 일정하게 유지한다. 예를 들어 한쪽 손이 리커버리를 할 때 입으로 들이마시고 같은 손이 풀을 할 때 숨을 조금씩 뱉어내는 호흡법이 일반적이다. 몇 가지 타이밍을 시험해보고 무리 없이 호흡할 수 있는 리듬을 찾아내자.

LESSON 120 | 배영·풀

지상에 서서 풀 연습하기

초급 중급 상급

· 횟수 | 좌우 각 10회
· 시간 | 약 3분

목적 》》 풀사이드에 서서 풀 동작을 확인한다. 배영의 올바른 팔 동작을 몸에 익힌다.

물 밖에 곧게 서서 왼손은 아래로, 오른손은 머리 위로 올린다.

왼손을 올리면서 오른손은 몸 옆을 지나 허벅지를 향해 내린다.

왼손은 머리 위로, 오른손은 아래로 향한다.

오른손을 올리면서 왼손은 몸 옆을 지나 허벅지를 향해 내린다.

POINT TIP!
자신의 눈으로 확인하면서 풀 동작을 하여 올바른 폼의 이미지를 몸에 기억시킨다. 배영의 풀은 팔꿈치를 곧게 펴고 새끼손가락부터 입수해 몸 옆에서 허벅지까지 젓는다.

 입수할 때 손바닥의 방향이 잘 못되거나 팔꿈치가 구부러지면 안 된다. 이 시점에서 올바른 자세를 익히는 것이 중요하다.

LESSON 121 | 배영·풀

초급 중급 상급

물속에 서서 풀 연습하기

· 횟수 | 좌우 각 10회
· 시간 | 약 3분

목적 » 물속에 들어가 풀 동작을 확인한다. 팔로 물을 젓는 감각을 실제로 체험할 수 있다.

수영장 안으로 들어가 서서 왼손은 아래로, 오른손은 머리 위로 올린다.

왼손을 올리면서 오른손은 몸 옆을 지나 허벅지를 향해 내린다.

왼손은 머리 위로, 오른손은 아래로 향한다.

오른손을 올리면서 왼손은 몸 옆을 지나 허벅지를 향해 내린다.

POINT TIP!
물속에서는 몸보다 뒤쪽을 저으려 하면 지나치게 롤링이 되어 몸의 균형이 무너지고 만다. 팔꿈치를 곧게 펴고 몸 옆을 저어 허벅지 옆으로 내리자.

 팔을 엄지손가락부터 돌리면 팔꿈치가 구부러지기 쉽다. 새끼손가락부터 입수하여 새끼손가락으로 리드하듯이 팔을 돌리면 팔꿈치가 구부러지지 않는다.

LESSON 122 | 배영 · 풀

풀사이드에 걸터앉아 배면킥 연습하기

초급 | **중급** | 상급

· 횟수 | 좌우 10세트
· 시간 | 각 15~20초

목적 ≫ 자신의 눈으로 확인하면서 차올리기와 차내리기의 기본 동작을 익힌다.

양손으로 몸을 지탱하고 풀사이드에 걸터앉아 배영 킥을 한다.

다리를 가볍게 안짱다리로 만들면 발등이 펴져 부드러운 킥이 가능해진다.

내려차기보다 올려차기를 의식하며 킥을 한다.

발목의 힘을 빼고 채찍처럼 부드럽게 휘어지는 킥을 지향한다.

POINT TIP!
배영의 킥은 자유형의 물장구를 반대로 한 움직임과 비슷하다. 다만 내려차기보다 올려차기가 중요하다. 눈으로 보면서 킥의 움직임을 확인하자.

 발목이 굽어 있으면 물을 캐치할 수 없다. 발목을 곧게 펴고 스냅을 활용하여 물을 차올린다.

LESSON 123 | 배영 · 자세

초급 **중급** 상급

배면 뜨기

· 횟수 | 25m×2회

목적 » 그 자리에서 조용히 위를 향해 뜨는 연습이다. 배면으로 곧게 뜨는 요령을 몸에 익힌다.

풀사이드에 양손을 대고 양 발바닥을 벽에 붙인다.

풀사이드에서 손을 떼고 천천히 누운 자세를 만든다(벽은 차지 않아도 좋다.).

양손은 몸 옆에 두고 머리에서 발끝까지 곧게 만들어 조용히 뜬다.

POINT TIP!
킥은 하지 말고 손은 몸 옆에 두고 몸의 힘을 빼면 그 자리에 가볍게 뜬다. 턱을 너무 끌어당겨 머리가 들리면 허리가 꺾이기 쉬우므로 시선은 천장을 향하고 가슴을 확실히 펴자.

 몸이 가라앉는 이유는 몸에 불필요한 힘이 들어가 허리가 가라앉기 때문이다. 숨을 들이마시고 가슴을 펴면 허리가 올라가 자연스럽게 몸이 뜬다.

LESSON 124 | 배영 · 자세

차고 뻗기 후 배면 뜨기

· 횟수 | 10m×4회

초급 중급 상급

목적 ⟫⟫ 차고 뻗기 자세로 물속을 나아가며 스트림라인 자세를 유지한다.

풀사이드에 양손을 대고
양 발바닥을 벽에 붙인다.

양손을 머리 위로 곧게 뻗으며
양발로 벽을 천천히 찬다.

손끝부터 발끝까지 일직선으로 뻗고
스트림라인 자세로 나아간다.

추진력이 떨어질 때까지
스트림라인 자세를 유지한다.

POINT TIP!
배면 뜨기 자세가 가능해졌다면 손을 곧바로 올려 스트림라인 자세를 취해본다. 천천히 벽을 차고 그 자세를 유지한 채 물속을 나아가자.

 벽을 너무 강하게 차지 않도록 주의하기 바란다. 물속을 진행하는 것보다 스트림라인 자세를 유지하는 것이 더 중요하다.

LESSON 125 | 배영·자세

  초급 중급 상급

한 손으로 배면 뜨기 후 킥하기

· 횟수 | 25m×4회

목적 ≫ 차고 뻗기 후 배면 뜨기 자세에서 한쪽 손을 내려 불안정한 상태에서도 기본자세를 유지하는 연습이다.

차고 뻗기 후 배면 뜨기 자세에서 한쪽 손을 내리고 킥으로 전진한다.

스트림라인 자세를 의식한다.

반대쪽 손도 같은 요령으로 실시한다.

POINT TIP!
콤비네이션을 가상해 일부러 불안정한 자세를 만들고 스트림라인 자세를 유지한다. 머리 위로 올린 손을 의식적으로 곧게 뻗으면 자연히 자세도 좋아진다.

 팔꿈치가 구부러지면 몸이 곧게 펴지지 않으므로 주의하기 바란다. 또한 킥은 일정한 리듬으로 계속 하자.

CHAPTER 06 배영 | 165

LESSON **126** | 배영 · 자세

초급 중급 상급

배면 뜨기 후 킥하기

· 횟수 | 25m×6회

목적 >>> 차고 뻗기 후 배면 뜨기 자세에서 스트림라인을 의식하며 킥을 해 전진하는 연습이다.

차고 뻗기 후 배면 뜨기 자세에서 킥을 하며 나아간다.

양손은 곧게 뻗고 가슴을 펴서 스트림라인 자세를 유지한다.

허벅지 윗부분부터 움직여 무릎, 발목 순서로 채찍이 휘듯이 킥을 한다.

POINT TIP!
킥으로 전진하기보다는 스트림라인을 유지하는 데 집중하기 바란다. 양팔로 귀 뒷부분을 사이에 끼우고 손을 겹치면 앞으로 나아가기 쉬우며 깔끔한 스트림라인 자세가 만들어진다.

 킥을 할 때 다리가 수면 위로 나오면 몸이 가라앉는다. 수중에서는 허벅지 윗부분부터 움직이며, 일정한 리듬을 유지하자.

LESSON 127 | 배영·풀

한 손 배영

초급 중급 상급

· 횟수 | 25m×6회

목적 »» 한쪽 팔의 움직임에만 집중할 수 있기 때문에 올바른 팔 젓기 동작의 이미지를 익힐 수 있다.

한쪽 팔은 내린 채 다른 쪽 팔로 저으며 나아간다.
일정한 리듬으로 킥을 한다.

팔꿈치를 곧게 펴고 어깨의 연장선상에서
새끼손가락부터 입수한다.

새끼손가락으로 리드하면서
몸 옆을 젓는다.

몸 옆으로 허벅지를
향해 젓는다.

엄지손가락이 허벅지를
스치듯이 젓는다.

같은 손으로 저으며 한동안 나아간다.
반대쪽 손도 같은 요령으로 실시한다.

POINT TIP!
팔꿈치를 곧게 펴고 손바닥을 바깥쪽으로 향하며 입수한다. 그대로 손바닥을 이용해 몸 옆으로 허벅지 위치까지 젓는다. 이때 몸 아래를 젓지 않도록 주의하기 바란다.

 몸 아래를 저으면 지나치게 롤링이 되어 스트림라인을 유지할 수 없다. 또한 얼굴에 물이 닿기 쉬워진다.

| LESSON **128** | 배영 · 호흡 | |

서서 풀하며 호흡하기

· 횟수 | 좌우 10회
· 시간 | 약 3분

목적 >>> 물속에 선 상태로 팔을 움직이며 배영 호흡의 올바른 타이밍을 파악한다.

수영장 안에 서서 풀을 하면서 호흡 타이밍을 확인한다.

팔을 돌리면서 코로 숨을 내뱉는다.

팔을 천천히 돌린다.

한쪽 손이 입수할 때 입으로 숨을 들이마신다.

POINT TIP!
누워서 수영하는 배영은 항상 호흡을 할 수 있을 것 같지만, 리듬이 어긋나면 수영에 영향을 끼친다. 팔의 움직임을 자신의 눈으로 보면서 호흡의 리듬을 확인하자.

 초보자는 헤엄칠 때 호흡을 멈추기 쉽다. 손이 입수하는 타이밍에 호흡을 맞추는 것이 일반적이다.

LESSON 129 | 배영·자세

이마에 물건 올려놓고 연습하기

· 횟수 | 25m×6회

목적 » 이마에 물건을 올려놓고 떨어지지 않도록 헤엄친다. 머리가 움직여 축이 흔들리는 사람을 위한 교정 메뉴다.

이마에 물건을 올려놓고 배영으로 헤엄친다.

일정한 리듬으로 계속 킥을 하며, 팔은 크고 천천히 돌린다.

물이 심하게 튀지 않도록 부드럽게 입수한다.

POINT TIP!
팔을 저을 때 머리가 같이 움직이면 몸의 축이 흔들려 스트림라인 자세가 무너진다. 머리의 위치가 움직이지 않는 상태에서 팔을 크고 천천히 돌려 부드럽게 입수하도록 노력하자.

 이마에 올려놓은 물건에 지나치게 신경을 쓰면 풀이나 킥에 소홀해진다. 일정한 리듬으로 킥을 하며 팔을 올바르게 움직이자.

LESSON 130 | 배영·자세

턱에 공 끼우고 연습하기

· 횟수 | 25m×6회

목적 »» 공을 떨어뜨리지 않도록 헤엄치는 교정 메뉴다. 턱이 들려 자세가 흐트러지는 사람에게 추천한다.

▎턱에 공을 끼우고 배영으로 헤엄친다.

▎공이 떨어지지 않도록 가볍게 턱을 당기고 팔을 정확하게 돌린다.

▎항상 스트림라인을 의식한다.

POINT TIP!
공의 크기는 체격에 맞춰 턱에 끼우기 쉬운 것으로 바꾸기 바란다. 예를 들어 살이 찐 사람은 탁구공 정도가 최적이다. 턱을 가볍게 당겨 몸이 일직선이 되도록 하자.

 턱이 들리면 배가 볼록 나와 스트림라인 자세를 취할 수 없다. 또한 얼굴에 물이 닿기 쉬워진다.

LESSON 131 | 배영 · 자세

허리 헬퍼 달고 연습하기

· 횟수 | 25m×6회

목적 » 허리 헬퍼의 부력을 이용하여 허리를 올바른 위치로 유지할 수 있다.

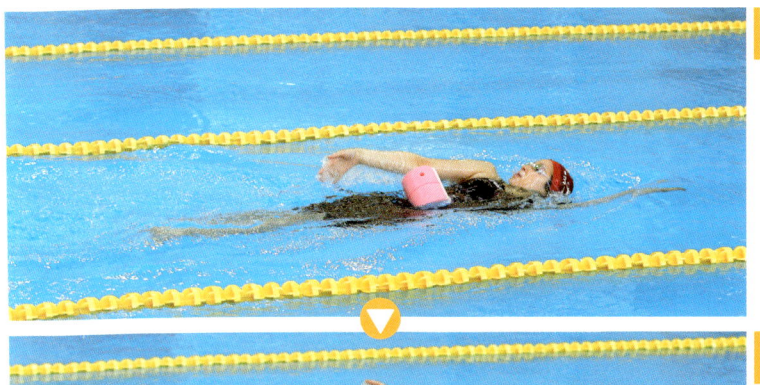

허리에 헬퍼를 달고 배영으로 헤엄친다.

허리의 위치를 의식하면서 스트림라인을 유지한다.

유연하고 부드럽게 일정한 리듬으로 킥을 한다.

POINT TIP!
하체가 자꾸 가라앉아 스트림라인 자세를 취하지 못하는 사람을 위한 교정 연습 메뉴다. 복근에 힘을 줘 배꼽을 위로 들어 올리는 듯한 느낌을 가지면 좋다.

 킥을 너무 힘껏 하면 하체가 가라앉기 쉽다. 킥은 차올리는 동작을 의식하며 부드럽게 하자.

CHAPTER 06 배영 | 171

LESSON 132 | 배영 · 완성형

배영 콤비네이션①-수면

· 횟수 | 25m×2회

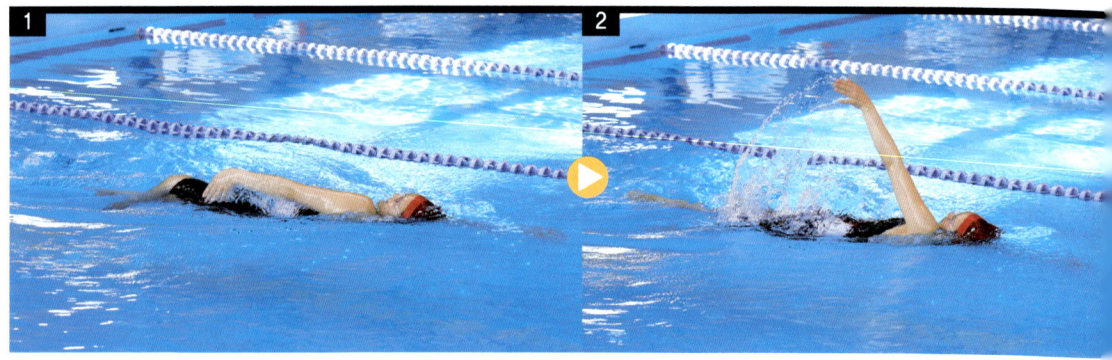

CHECK POINT!
새끼손가락부터 입수한다.

CHECK POINT!
몸을 뻗을 때 숨을 뱉어낸다.

목적 》》 호흡을 하면서 배영으로 25미터를 수영한다.
수영을 하면서 습득한 기술을 다시 한 번 확인한다.

CHECK POINT!
팔은 곧게 펴며 얼굴 앞을 지나간다.

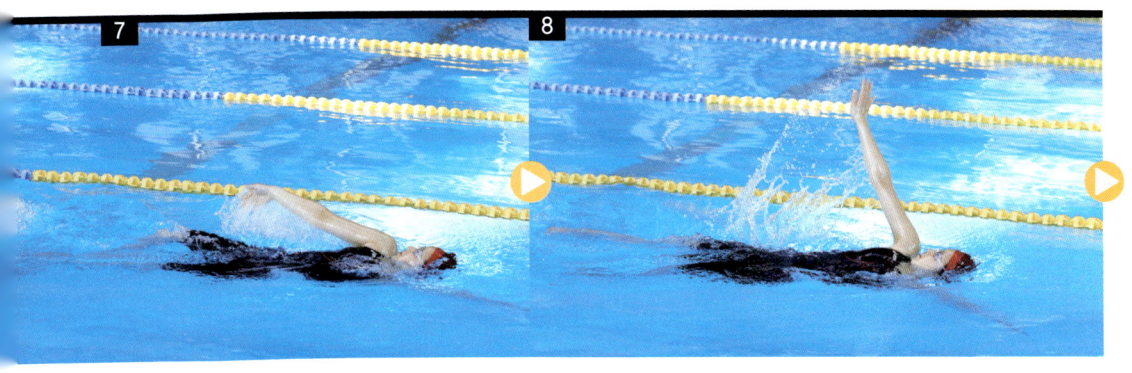

CHECK POINT!
몸을 뻗을 때 숨을 뱉어낸다.

LESSON 132 | 배영 · 완성형

배영 콤비네이션②-수중

· 횟수 | 25m×2회

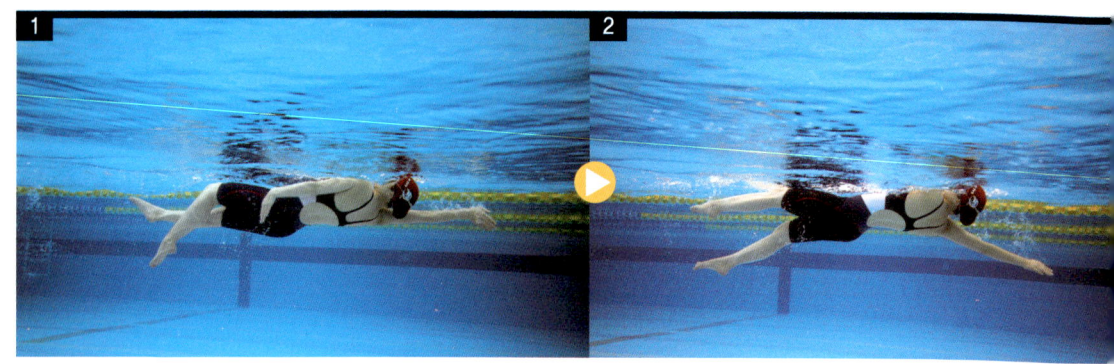

CHECK POINT!
발목을 유연하게 굽히며 킥을 한다.

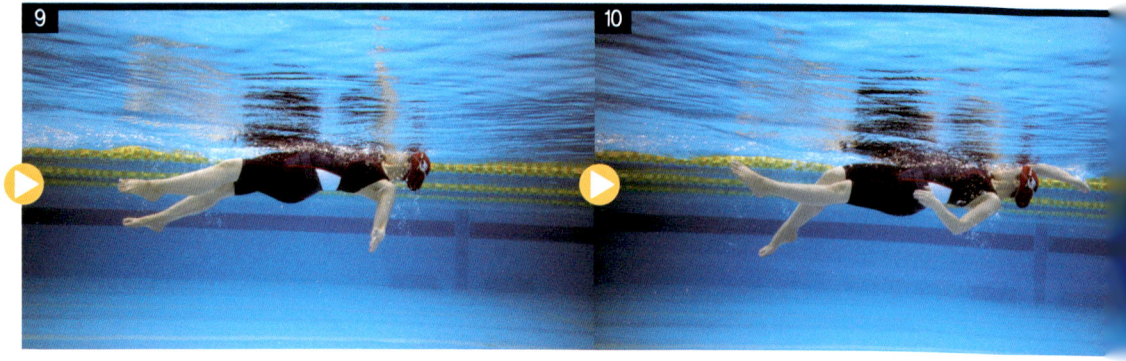

POINT TIP!

배영을 할 때 의외로 놓치기 쉬운 부분이 호흡이다. 수면 위로 얼굴이 나와 있기 때문에 언제라도 호흡을 할 수 있지만, 일정한 규칙에 따라 호흡하지 않으면 수영의 리듬이 흐트러진다. 몸이 일직선으로 뻗었을 때 숨을 뱉어낸다는 규칙을 정하면 좋다.

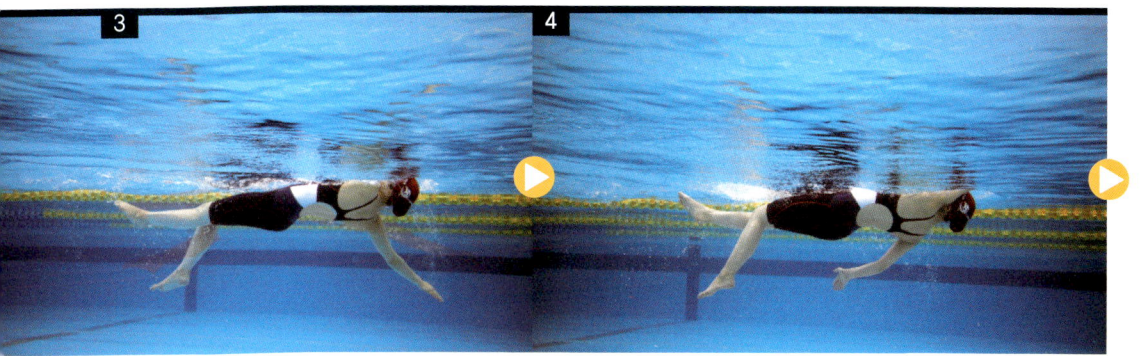

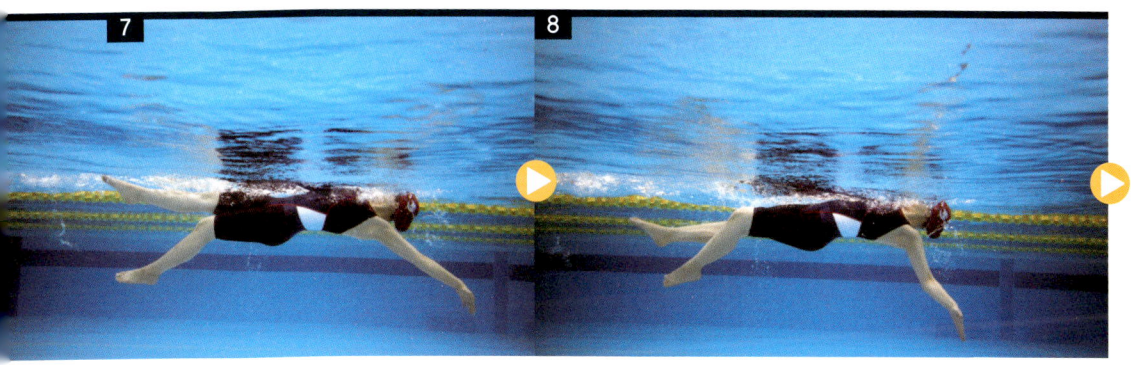

CHECK POINT!
손바닥은 아래를 향한다.

CHECK POINT!
시계 바늘이 6시를 가리키듯이 몸을 뻗는다.

LESSON **133** | 배영 · 영력 향상

· 횟수 | 25m×4회

양손 배영

목적 》》 팔을 동시에 돌려 리듬을 잡으면서 호흡 타이밍을 파악하는 연습 메뉴다.

두 팔을 동시에 돌리는 배영으로 헤엄친다. 물속을 저으면서 입으로 숨을 들이마신다.

킥은 일정한 리듬으로 하며, 양손을 천천히 리커버리한다.

양손을 입수하면서 코로 숨을 뱉어낸다.

POINT TIP!
양손으로 물을 저으면 앞으로 쭉 나아가며 몸이 뜬다. 그 순간에 입으로 숨을 들이마시고, 양손을 리커버리해 위로 올렸을 때 숨을 뱉어낸다. 이 호흡의 타이밍을 연습하자.

 양손을 동시에 머리 위로 올리면 몸이 가라앉기 쉽다. 복근에 힘을 주고 배를 내민다는 느낌으로 자세를 유지하기 바란다.

| LESSON 134 | 배영 · 영력 향상 | |

엄지손가락 입수하기

· 횟수 | 25m×4회

목적 » 엄지손가락부터 입수해 팔꿈치가 곧게 뻗은 아름다운 리커버리 자세를 몸에 익힌다.

손바닥을 안쪽으로 향한 채
리커버리를 시작한다.

팔꿈치를 곧게 펴고
엄지손가락부터 입수한다.

'만세'를 한다는 이미지로
엄지손가락부터 입수한다.

POINT TIP!
원래는 새끼손가락부터 입수하지만, 일부러 엄지손가락부터 입수해 팔꿈치가 곧바로 뻗는 감각을 체감하는 연습이다. 엄지손가락부터 입수하면 팔을 비틀지 않아도 되기 때문에 팔꿈치를 곧바로 뻗기 쉬워진다.

 손의 움직임을 지나치게 의식하다 자세가 무너지지 않도록 주의하기 바란다. 일정한 리듬으로 킥을 하며 자세를 유지하자.

LESSON 135 | 배영・영력 향상

손을 얼굴 앞에서 멈추기

・횟수 | 25m×6회

목적 » 손을 얼굴 앞에서 멈추고 수영하는 연습이다. 리커버리, 자세, 킥을 강화한다.

왼손은 천천히 리커버리한다.

손이 얼굴 앞에 왔을 때 멈추고 잠시 그 상태를 유지하며 킥으로 전진한다.

팔꿈치가 구부러지지 않도록 주의하면서 입수한다. 오른손도 똑같은 요령으로 실시한다.

POINT TIP!
리커버리 연습은 물론, 이 상태에서 스트림라인을 유지하기 위한 자세의 의식과 킥력도 요구된다. 모든 것을 강화할 수 있는 상급자용 연습 메뉴다.

 손을 얼굴 앞에서 멈출 때 팔꿈치가 구부러지기 쉬우니 주의하자. 자세를 유지하기 위해 킥으로 균형을 잡는다.

LESSON 136 | 배영 · 영력 향상

풀판을 사용하여 물 젓기

· 횟수 | 25m×6회

목적 》》 물의 저항이 커지기 때문에 올바른 동작으로 확실히 물을 저을 수 있게 된다.

새끼손가락부터 물을 베듯이 입수한다.

물의 저항을 느끼면서 힘차게 물을 젓는다.

일정한 리듬으로 킥을 하며 스트림라인을 유지한다.

POINT TIP!
물의 저항이 커지기 때문에 팔의 움직임이 올바르지 않으면 앞으로 나아가지 못한다. 또한 빠르고 힘차게 물을 저으며 수영하면 힘찬 스트로크에 필요한 근력 트레이닝으로도 이어진다.

 새끼손가락부터 입수하지 않으면 풀판이 물의 저항을 받는다. 올바른 자세로 부드럽게 입수하기 바란다.

LESSON 137 | 배영·영력 향상

오리발로 킥하기

초급 중급 **상급**

· 횟수 | 25m×6회

목적 >>> 오리발을 사용하면 추진력을 얻을 수 있어 몸이 뜨는 감각을 익힐 수 있다. 먼 거리를 편하고 유쾌하게 수영할 수 있는 연습 메뉴다.

발에 오리발을 신고 배영으로 헤엄친다.

발목을 펴고 오리발을 유연하게 움직인다.

발을 차올릴 때 발목의 스냅을 의식한다.

POINT TIP!
수영이 서툰 사람도 편하게 장거리를 헤엄칠 수 있는 연습이다. 발목을 곧게 뻗고 오리발을 돌고래의 꼬리지느러미처럼 유연하게 움직이면 미지의 추진력을 체감할 수 있다.

 발목이나 무릎 등에 통증을 느끼면 사용을 중지하기 바란다. 또한 수영장에 따라서는 사용이 금지된 곳도 있으니 사전에 확인하자.

LESSON 138 | 배영 · 영력 향상

초급 중급 **상급**

물 바로 위로 킥하는 연습하기

· 횟수 | 25m×4회

목적 >>> 물보라를 바로 위로 차올리는 느낌으로 발목의 스냅을 활용한 킥을 익힌다.

양손을 몸 옆에 놓고
배면킥으로 수영한다.

왼발은 허벅지, 무릎 아래 순서로 채찍이 휘듯이
힘을 전달하며 차올린다.

발목의 스냅을 활용하여
물을 바로 위로 차올린다.

발등이 수면을 터치한다는 느낌으로
물보라를 바로 위로 차올린다.

POINT TIP!
배영의 킥은 차내리기보다 차올리기를 의식하는 것이 중요하다. 허벅지, 무릎 아래의 순서로 채찍이 휘듯이 힘을 전달하고 마지막으로 발목의 스냅을 활용하여 물을 차올린다.

 발 전체로 물을 차올리는 것이 아니라 발등으로 수면을 터치하는 느낌으로 발목을 사용하여 물보라를 바로 위로 차올린다.

LESSON 139 | 배영·영력 향상

코스 로프를 잡으며 나아가기

· 횟수 | 25m×2회

목적 »» 코스 로프를 물이라고 생각하고 물을 저음으로써 몸이 앞으로 나아가는 느낌을 파악한다.

코스 로프를 따라 배영으로 헤엄친다. 오른손은 몸 옆에 놓고 왼손으로 코스 로프를 잡는다.

잡은 코스 로프를 그대로 밀어내려 몸을 전진한다.

몸이 앞으로 '쑥' 나아가는 감각을 느낀다. 왼손도 같은 요령으로 실시한다.

POINT TIP!
손으로 캐치한 물에 대해 몸이 '쑥' 하고 부드럽게 전방으로 나아가는 느낌을 체감할 수 있는 연습 메뉴다. 수영을 하면서는 요령이 잘 이해되지 않는다면 걸으면서 해도 좋다.

 이미지 트레이닝이므로 세세한 자세에 집착할 필요는 없다. 손을 삐지 않도록 충분히 주의를 기울이자.

| LESSON **140** | 배영·영력 향상 | 초급 중급 **상급**

배영 대시

· 횟수 | 10m×6회

목적 » 2인 1조가 되어 영자(泳者)에게 부담을 준다. 속도 능력을 향상시키기 위한 상급자용 연습이다.

파트너가 영자의 발을 잡고, 영자는 그 자리에서 5~10초 동안 전력으로 수영한다.

그 다음 파트너는 손을 놓는다. 영자는 킥을 하며 약 10미터를 대시한다.

손을 놓은 순간 몸이 가벼워져 전에 없던 추진력을 체감할 수 있다.

POINT TIP!
손 젓기가 느린 상급자의 대시 능력을 향상시켜주는 연습이다. 파트너는 영자의 발을 잡고, 영자는 그 자리에서 배영을 한다. 파트너는 영자의 발을 힘껏 잡아당기도록 하자.

 손을 빠르게 움직이려고 하면 자세가 엉망이 될 때도 있다. 팔꿈치를 곧게 펴고 올바른 동작으로 팔을 움직이자.

LESSON 141 | 배영 · 영력 향상

롤링

· 횟수 | 25m×4회

목적 〉〉〉 어깨를 의식하며 상하로 움직임으로써 롤링의 기본 동작을 몸에 익힌다.

누운 자세로 손은 곧게 편 채 몸 옆에 놓고 킥으로 전진한다.

머리의 위치는 움직이지 말고 어깨를 상하로 움직인다.

머리에서 발끝까지 일직선의 축을 중심으로 회전시킨다.

균형이 무너지지 않을 정도까지 회전시켰으면 반대로도 같은 요령으로 실시한다.

POINT TIP!
이 연습은 앞으로 나아가는 것이 목적이 아니다. 어깨를 의식적으로 상하로 움직인다. 아이가 '싫어 싫어'를 하는 느낌으로 최대한 크게 움직이기 바란다.

 몸의 축이 형성되지 않으면 부드럽게 회전하지 못한다. 몸의 축을 중심으로 좌우 어깨가 상하로 회전하는 이미지가 가장 좋다.

LESSON 142 | 배영·영력 향상

물속에서 스타트하기

초급 중급 상급

· 횟수 | 25m×2회

목적 »» 돌고래 뛰기의 요령으로 연속 점프를 한다. 스타트로 이어지는 연습 메뉴다.

손을 머리 위로 모으고 양발로 수영장 바닥을 차며 뒤로 점프한다.

손끝, 머리, 어깨, 허리의 순서로 뛰어든다. 이것을 여러 차례 반복한다.

POINT TIP!
돌고래의 점프를 생각하기 바란다. 익숙해지기까지는 지도자의 도움을 받아도 무방하다. 입수하는 포인트를 정해 손에서 머리, 어깨, 허리의 순서로 뛰어들어 보자.

 손을 모으지 않으면 입수 포인트에 오차가 생긴다. 누운 스트림라인 자세를 정확하게 취하자.

Swimming Column

바다 수영(Open Water Swimming)

바다 수영은 수영장 등의 시설이 아니라 바다나 호수 등 자연 속에서 실시하는 수영 경기를 말한다. 국내외 각지에서 개최되며, 많은 나라에서 인기 스포츠로 정착하고 있다. 2008 베이징 올림픽부터 하계 올림픽 정식 종목으로 채택되어 점차 주목받고 있다.

1. 바다 수영의 매력
바다 수영의 가장 큰 특징은 수영장이 아니라 자연 속에서 경기한다는 것이다. 바다나 호수 같은 자연 속에서는 해류나 수류를 의식하면서 수영해야 한다. 따라서 높은 난이도도 매력의 하나이지만, 수영하면서 자연의 장대함을 느낄 수 있다는 점이 바다 수영의 참맛이라 할 수 있다.

2. 유럽과 미국, 특히 오스트레일리아에서는 인기 스포츠
유럽과 미국 및 오스트레일리아에서는 바다 수영 시즌이 되면 매주 국내 해변에서 경기가 개최될 정도로 인기 스포츠다. 일본에서도 세토 내해에서 실시되는 '세토우치 OWS' 등의 대회가 있다. 폭넓은 연령대의 수영 애호가들이 매년 도전하고 있으며, 건강 열풍을 타고 인기를 모으고 있다.

3. 바다 수영의 이모저모
대자연 속에서 즐겁고 여유 있게 헤엄칠 수 있는 바다 수영의 예비지식을 소개한다. 레이스에 참가할 때는 규칙과 매너를 지키며 수영하자.

레이스 거리
국제수영연맹이 공인한 종목은 5킬로미터, 10킬로미터, 25킬로미터의 세 종류다. 일본수영연맹에서는 재팬 오픈 다테야마에서 5킬로미터와 10킬로미터 레이스, 일본국제바다수영협회에서는 시민 레이스로서 초보자를 대상으로 400미터에서 5킬로미터까지 각종 레이스를 실시하고 있다.

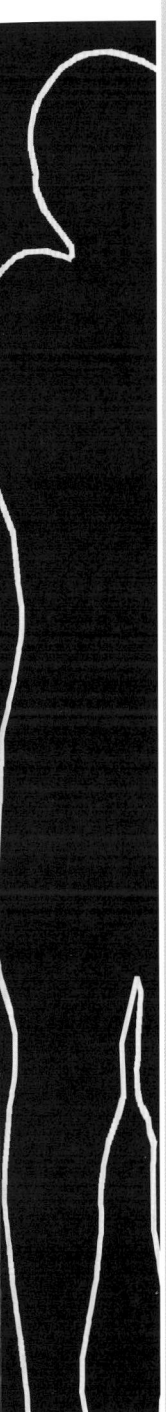

연령

연령별로 나뉘어 있다.

● 개인 종목
① 18세 이하 ② 19~29세 ③ 30~39세 ④ 40~49세
⑤ 50~59세 ⑥ 60~69세 ⑦ 70세 이상

● 단체 종목(4인의 연령 합계)
① 119세 이하 ② 120~159세 ③ 160~199세
⑤ 200~239세 ⑥ 240세 이상

CHAPTER 07
접영
BUTTERFLY STROKE

수영인들이 동경하는 영법인 접영. 나비와 같은 물 위의 움직임과 역동적인 돌핀 킥. 접영을 할 수 있다면 당신은 이미 수영 상급자다. 물속에서 힘차게 앞으로 나아가는 감각에 매료될 것이다.

코치의 한 마디!

접영이란?

접영은 수영을 하는 사람이라면 한 번은 도전해 보고 싶은 영법일 것이다. 양발을 모으고 위아래로 킥하는 폼이 돌고래를 닮았으며, 역동적으로 물속을 나아가는 모습이 보는 이들에게도 매력적이다. 접영의 역사는 비교적 짧으며, 사실은 평영에서 파생된 영법이기 때문에 두 영법은 두 팔과 두 다리를 각각 좌우 대칭으로 동시에 움직인다는 공통점이 있다.

ADVICE
물속에서 스트림라인을 만들 때 다른 영법 이상으로 추진력을 실감할 수 있는 것이 쾌감이다.

접영의 세 가지 기본

양손을 함께 역동적으로 움직이기 때문에 있는 힘껏 물을 젓기 쉬운데, 다른 영법과 마찬가지로 손의 힘을 빼고 손바닥으로 물을 확실히 캐치해 후방으로 밀어낸다. '버터플라이=접영'의 유래는 이 팔의 움직임에서 비롯된 것이다.

어깨의 연장선상에 양팔을 곧게 뻗고 동시에 엔트리한다.

양팔을 좌우로 벌리고 팔꿈치를 세워 물을 캐치한다.

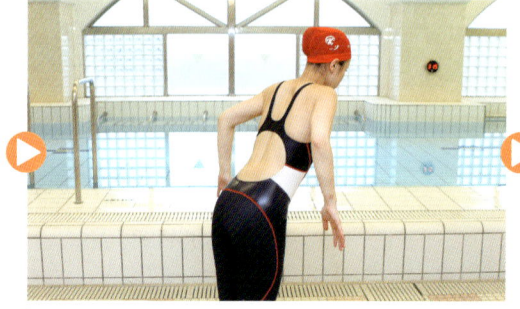

캐치한 물을 옆구리까지 끌어 모은다.

단숨에 후방으로 밀어내며 피니시한다.

숙련도	연령대별 목표
초급	풀, 킥, 호흡의 타이밍을 맞추며 25미터를 수영한다.
중급	쉬면서 25미터를 4회 이상 수영한다.
상급	시간을 설정해 25미터 이상을 계속 수영한다.
주니어	풀, 킥, 호흡의 타이밍을 맞추며 25미터를 수영한다.
시니어	풀, 킥, 호흡의 타이밍을 맞추며 25미터를 수영한다.

두 발을 붙이고 위아래로 함께 움직이는 킥이 돌고래와 닮았다고 해서 접영의 킥을 특히 '돌핀 킥'이라고 부른다. 허리, 허벅지, 무릎 아래, 발목 순서로 채찍이 휘어지듯이 힘을 전달한다. 엔트리와 동시에 첫 번째, 피니시에 걸쳐 두 번째 킥을 하는 1스트로크 2킥으로 수영한다. 연습에서는 물속에서 몸이 굽이치는 것을 체감하기 위해 1스트로크 3킥을 사용하기도 한다.

1스트로크 2킥의 경우, 두 번째 킥과 풀의 피니시와 동시에 얼굴을 들어 호흡한다. 평영과 마찬가지로 얼굴을 지나치게 올리면 균형이 무너져 속도가 떨어지므로 대각선 앞으로 얼굴을 내밀자. 또한 손발의 타이밍이 맞지 않으면 숨을 들이마실 때 물을 먹게 될 때도 많으므로 콤비네이션으로 풀과 킥, 호흡의 타이밍을 확인하자.

LESSON 143 | 접영 · 풀

지상에 서서 풀 연습하기

· 횟수 | 10회
· 시간 | 약 3분

목적 »» 풀사이드에 서서 풀 동작을 확인한다. 접영의 올바른 팔 동작을 몸에 익힌다.

풀사이드에 서서
양손을 위로 올린다.

팔꿈치를 높은 위치에 유지하고(하이 엘보)
손을 가슴 부근까지 가져온다.

팔꿈치를 곧게 펴고
아래로 밀어낸다.

견갑골부터 크게 돌리며
손을 머리 위로 되돌린다.

POINT TIP!
접영은 자유형의 풀을 좌우 동시에 하는 느낌이다. 팔꿈치를 세우고 물을 캐치했으면 가슴까지 끌어 모아 단숨에 후방으로 밀어낸다. 견갑골부터 크게 움직이도록 하자.

 팔만 돌리려고 하면 움직임이 작아진다. 견갑골부터 움직인다는 느낌으로 돌리면 팔을 크게 돌릴 수 있다.

LESSON 144 | 접영·풀

물속에 서서 풀 연습하기

- 횟수 | 10회
- 시간 | 약 3분

목적 ≫ 물속에 서서 풀 동작을 확인한다. 실제로 팔로 물을 젓는 감각을 파악할 수 있다.

입수했으면 팔을 바깥쪽으로 벌리고
팔꿈치를 세워 물을 캐치하는 이미지를 떠올린다.

캐치한 물을 가슴까지 끌어당기는
이미지를 떠올린다.

팔꿈치는 높은 위치(하이 엘보)를
유지한다.

끌어 모은 물을 후방으로
단숨에 밀어낸다.

기세를 멈추지 말고
새끼손가락부터 물 위로 빼 올린다.

견갑골부터 크게 돌려
리커버리한다.

POINT TIP!
정확하게 물을 캐치하려면 손바닥의 힘을 빼고 손가락을 가볍게 벌린다. 어깨의 연장선상에서 입수했으면 하이 엘보를 의식하며 최대한 많은 물을 캐치해 후방으로 밀어낸다.

 물속에서의 손의 움직임은 'S자 풀'이 일반적이지만, 너무 집착하면 움직임이 어색해지므로 주의하자.

LESSON 145 | 접영 · 풀과 킥

양손 무호흡 접영

· 횟수 | 10~25m×6회

목적 ⟫⟫ 접영 본래의 영법에 가깝게 해서 풀과 킥의 타이밍을 몸에 익힌다.

손이 입수했을 때
첫 번째 킥을 한다.

양손으로 물을
캐치한다.

캐치한 물을 가슴으로 끌어당기면서
두 번째 킥을 한다.

끌어당긴 물을 단숨에
후방으로 밀어낸다.

새끼손가락부터 수면으로 빼 올리며
리커버리한다.

다시 양손으로 입수하며 첫 번째 킥을 시작한다.
숨을 참을 수 있는 범위에서 반복한다.

POINT TIP!
한 손 무호흡 접영으로 타이밍을 파악했으면 양손을 움직여 본격적인 접영에 다가간다. '하나, 둘'의 리듬으로 킥을 계속 하며 팔 젓기를 리드하자.

 기본자세가 무너지면 일정한 리듬으로 킥을 할 수 없다. 항상 스트림라인 자세를 의식하는 것이 중요하다.

LESSON 146 | 접영·킥

초급 **중급** 상급

양손으로 벽잡고 킥하기

· 횟수 | 20회

목적 》》 실제로 수영할 때의 자세가 되어 올바른 킥 동작을 마스터한다.

한 손은 벽 위를, 다른 한 손은 벽 아래를 잡아 자세를 안정시킨다.

양발을 모으고 무릎을 굽힌다.

발목부터 수면 위로 나온다.

발등으로 물을 캐치한다.

허리, 허벅지, 무릎 아래, 발목, 발끝의 순서로 채찍이 휘어지듯이 힘을 전달하며 차내린다.

물을 찬 다음 무릎은 곧게 편다.

POINT TIP!
한 손은 벽 위를, 다른 한 손은 벽 아래를 잡으면 안정된 자세를 유지할 수 있다. 양발을 모으고 발목을 뻗어 발등으로 물을 아래로 차내리자.

 접영의 킥은 양발을 동시에 움직이는 돌핀 킥이다. 무릎이 벌어지면 물을 찰 수 없으므로 주의하기 바란다.

CHAPTER 07 접영 | 195

LESSON 147 | 접영 · 킥

초급　중급　상급

킥보드 킥

· 횟수 | 25m×4회

목적 〉〉〉 수영할 때의 자세를 유지하며 돌핀 킥으로 전진하는 감각을 체감한다.

| 손을 킥보드에 올리고 돌핀 킥으로 나아간다.

| 양발을 모으고 무릎을 굽힌다.

| 발목부터 수면 위로 나온다.

| 발등으로 물을 캐치한다.

| 허리, 허벅지, 무릎 아래, 발목, 발끝의 순서로 채찍이 휘어지듯이 힘을 전달하며 차내린다.

| 물을 찼으면 무릎은 곧게 펴고 스트림라인을 유지한다.

POINT TIP!
킥보드의 부력을 이용하여 킥으로 전진한다. 허리가 가라앉지 않도록 주의하며 스트림라인을 유지하는 것이 중요하다. 올바르게 킥을 하면 앞으로 나아가는 감각을 파악할 수 있다.

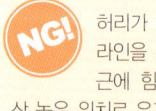 허리가 가라앉으면 스트림라인을 유지할 수 없다. 복근에 힘을 줘서 허리를 항상 높은 위치로 유지하며 킥을 한다.

LESSON 148 | 접영 · 자세

초급 중급 상급

얼굴을 물에 담그고 킥하기

· 횟수 | 10m×6회

목적 >>> 킥보드의 부력을 이용하여 기본자세를 의식하면서 앞으로 나아가는 감각을 파악할 수 있다.

손을 킥보드에 올려놓고 머리는 물속에 넣은 채 돌핀 킥으로 전진한다.

양발을 모으고 무릎을 굽힌다.

허리, 허벅지, 무릎 아래, 발목, 발끝의 순서로 채찍이 휘어지듯이 힘을 전달하며 차내린다.

POINT TIP!
다음의 '차고 뻗기 후 킥하기'로 이어지는 연습 메뉴다. 머리는 물속에 담그고 스트림라인 자세를 의식하는 것이 중요하다. 호흡은 하지 않은 채 리드미컬하게 킥을 하자.

NG! 머리가 올라가면 올바른 기본자세를 유지할 수 없다. 관자놀이를 양팔 사이에 끼운 스트림라인 자세를 유지하기 바란다.

LESSON 149 | 접영·킥과 자세

차고 뻗기 후 킥하기

· 횟수 | 10m×6회

목적 〉〉〉 스트림라인 자세를 의식하면서 돌핀 킥의 굽이치는 감각을 체감한다.

벽을 차며 스트림라인을 유지한다.

두 발의 무릎을 굽힌다.

킥을 하며 손끝 쪽으로 체중을 이동시킨다.

몸을 물속에서 확실히 뻗는다.

확실히 뻗었으면 다시 무릎을 굽힌다.

킥을 하며 체중을 이동시킨다.

POINT TIP!
허리부터 굽이치듯이 차는 돌핀 킥은 몸 전체로 수면을 꿰맨다는 느낌으로 전진한다. 킥을 했으면 타이밍을 맞춰 머리를 물속에 담그고 몸이 굽이치는 감각을 파악하자.

 스트림라인 자세를 의식하면서 돌핀 킥의 굽이치는 감각을 체감한다.

LESSON **150** | 접영 · 킥과 호흡

호흡하며 얼굴을 물에 담그고 킥하기 · 횟수 | 25m×6회

목적 >>> 킥보드의 부력을 이용하여 킥과 호흡 동작을 연동시킨다.

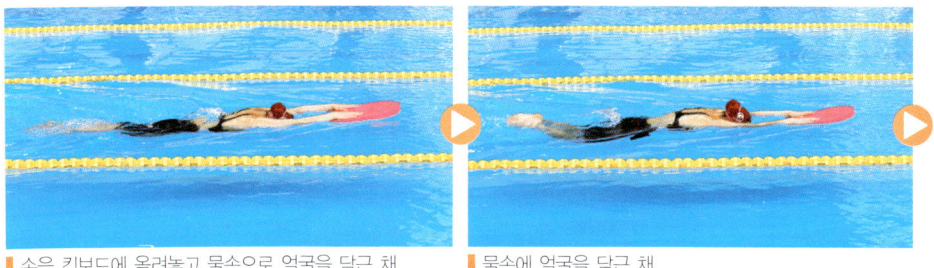

손을 킥보드에 올려놓고 물속으로 얼굴을 담근 채 돌핀 킥으로 전진한다.

물속에 얼굴을 담근 채 첫 번째 킥을 한다.

스트림라인 자세를 유지한다.

두 번째 킥을 하는 동시에 얼굴을 들어 호흡을 한다.

스트림라인 자세를 유지한다.

물속에 얼굴을 담그고 첫 번째 킥을 한다.

POINT TIP!
'하나, 둘, 하나, 둘'의 리듬으로 킥을 한다. 리듬이 깨지지 않고 '둘'의 킥과 동시에 얼굴을 들어 호흡을 한다. 물속에서는 코로 숨을 뱉어내며, 수면에서는 입으로 숨을 들이마신다.

NG! 무조건 킥을 빠르게 한다고 해서 추진력이 더 생기는 것은 아니다. 킥은 일정한 리듬으로 계속하는 것이 중요하다.

CHAPTER 07 접영 | 199

LESSON 151 | 접영·영력 향상

돌고래 뛰기

· 횟수 | 25m×4회

목적 » 돌고래처럼 점프해서 몸 전체로 굽이치는 움직임을 체감하는 연습 메뉴다.

손을 머리 위에서 모으고 무릎을 굽혀
머리까지 물에 잠긴다.

양발로 수영장 바닥을 차며 점프해서
손가락, 머리, 허리, 발의 순서로 뛰어든다.

이때 몸 전체로 굽이치는
감각을 느낀다.

몸을 곧게 펴면서
손끝부터 서서히 떠오른다.

손끝, 머리의 순서로 수면 위로 떠올라 선다.
이것을 수차례 반복한다.

조용히 바닥에
발을 댄다.

POINT TIP!
접영의 물속 움직임은 돌고래가 점프할 때처럼 몸 전체를 굽이치며 나아간다. 손끝, 머리, 허리, 발의 순서로 한 점 입수를 하며, 같은 순서로 수면으로 떠오른다.

 입수할 위치를 정해놓지 않으면 손끝부터 부드럽게 입수하지 못한다. 따라서 입수 포인트를 미리 정해 놓으면 좋다.

LESSON 152 | 접영 · 풀과 킥

한쪽 팔 무호흡 접영

· 횟수 | 10~25m×6회

목적 》》 한쪽 팔의 움직임에만 집중하여 풀과 킥의 타이밍을 파악한다.

손이 입수했을 때 첫 번째 킥을 한다.

오른손으로 물을 캐치한다.

캐치한 물을 가슴으로 끌어당기면서 두 번째 킥을 한다.

끌어당긴 물을 단숨에 후방으로 밀어낸다.

오른손을 새끼손가락부터 수면으로 빼 올리며 리커버리한다.

다시 오른손을 입수하고 첫 번째 킥을 시작한다. 숨을 참을 수 있는 범위에서 반복하며, 왼손도 같은 요령으로 실시한다.

POINT TIP!
갑자기 처음부터 양손을 움직이면 혼란을 일으킬 수 있으므로 한 손만 움직이며 풀과 킥의 타이밍을 연습한다. '하나, 둘'의 리듬으로 킥을 하고, 두 번째 킥에서 팔을 돌린다.

 풀과 킥의 타이밍이 맞지 않으면 평생이 가도 접영은 완성되지 않는다. 먼저 킥으로 리듬을 만들자.

LESSON 153 | 접영 · 호흡과 자세
초급 중급 상급

한 손 접영①-3킥 1호흡

· 횟수 | 25m×4회

목적 >>> 스트림라인 자세를 의식하면서 호흡 타이밍을 익히는 연습 메뉴다.

수중에서 돌핀 킥을 2회 하며 전진한다.

왼손은 앞으로 뻗은 채 오른손으로 물을 저어 나간다.

오른손으로 물을 저으면서 세 번 킥을 하고, 얼굴을 수면 위로 내밀어 호흡한다.

오른손은 리커버리해 다시 입수한다. 얼굴은 물속으로 되돌린다.

킥에 맞춰 몸을 굽이친다.

스트림라인을 의식하면서 물속에서 두 번 킥을 한다.

POINT TIP!
돌핀 킥을 '하나, 둘, 셋'의 리듬으로 세 번 하고, '셋'의 킥에 한 손 풀과 호흡을 맞춘다. '둘'의 킥에서 얼마나 몸을 뻗을 수 있느냐가 포인트다.

 갑자기 2킥 1호흡에 도전하면 몸을 뻗지 못하는 거친 수영이 되기 쉽다. 3킥 1호흡이면 여유를 가지고 연습할 수 있다.

LESSON 154 | 접영 · 호흡과 자세

한 손 접영②-2킥 1호흡

초급 중급 **상급**

· 횟수 | 25m×6회

목적 ≫ 접영 본래의 리듬으로 연습하며 본격적인 접영으로 나아간다

첫 번째 킥을 했으면
스트림라인을 유지한다.

왼손은 앞으로 뻗은 채 오른손으로 물을 젓기 시작하며
두 번째 킥을 준비한다.

오른손으로 물을 저으면서
두 번째 킥을 한다.

두 번째 킥과 동시에
얼굴을 수면 위로 올려 호흡한다.

오른손은 리커버리해 다시 입수한다.
얼굴은 물속으로 되돌린다.

첫 번째 킥을 한다.

POINT TIP!
한 손 풀 대신 양손 풀을 하면 접영이 완성된다. 한 손 풀을 할 때 전방 호흡이 힘든 사람은 자유형의 횡호흡을 해도 무방하다. 자신에게 편한 방식으로 도전하자.

 서두르면 불필요한 힘이 들어가 자세가 무너진다. 처음에는 느린 리듬으로 킥을 하며 풀과 호흡을 맞추자.

LESSON 155 | 접영·완성형

접영 콤비네이션-수면

초급 중급 **상급**

· 횟수 | 25m×2회

CHECK POINT!
두 번째 킥을 종료한다.

CHECK POINT!
물속에서 몸을 뻗는다.

CHECK POINT!
두 번째 킥의 푸시는 허벅지에서 일치시킨다.

목적 ≫ 호흡을 하며 2킥 접영으로 25미터를 수영한다.
수영을 하면서 습득한 기술을 다시 한 번 확인한다.

CHECK POINT!
첫 번째 킥으로 물속에 잠수한다.

CHECK POINT!
두 번째 킥과 동시에 풀 동작을 하며 얼굴을 들기 시작한다.

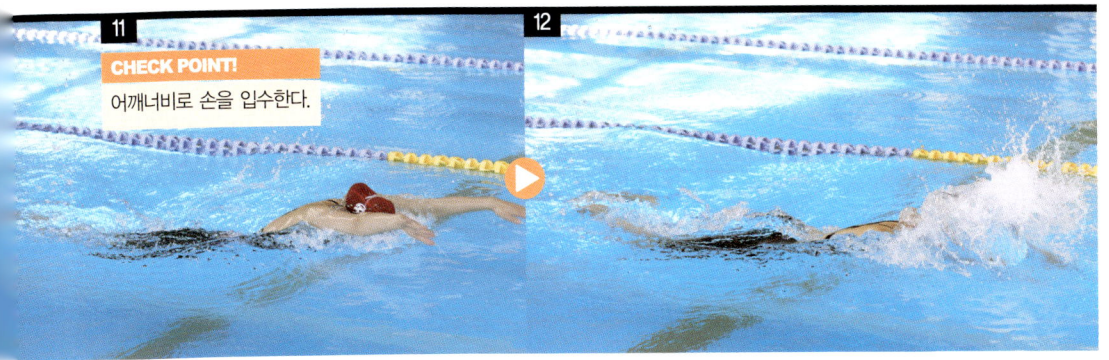

CHECK POINT!
어깨너비로 손을 입수한다.

LESSON **156** | 접영·응용

초급 중급 **상급**

3킥 접영-수중

· 횟수 | 25m×2회

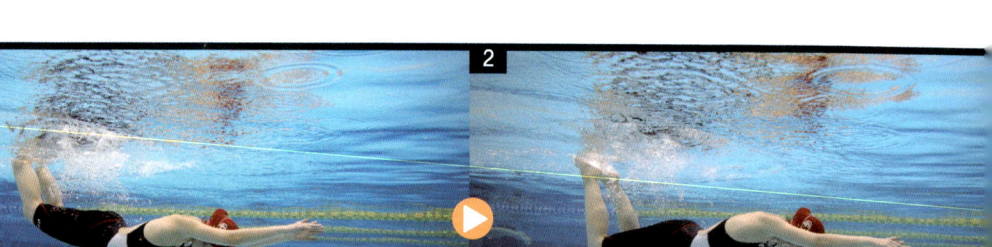

CHECK POINT!
호흡을 한 다음 두 번째 킥을 시작한다.

CHECK POINT!
자연스럽게 떠오르기 전까지 몸을 곧게 편다.

CHECK POINT!
전진하는 감각을 체감한다.

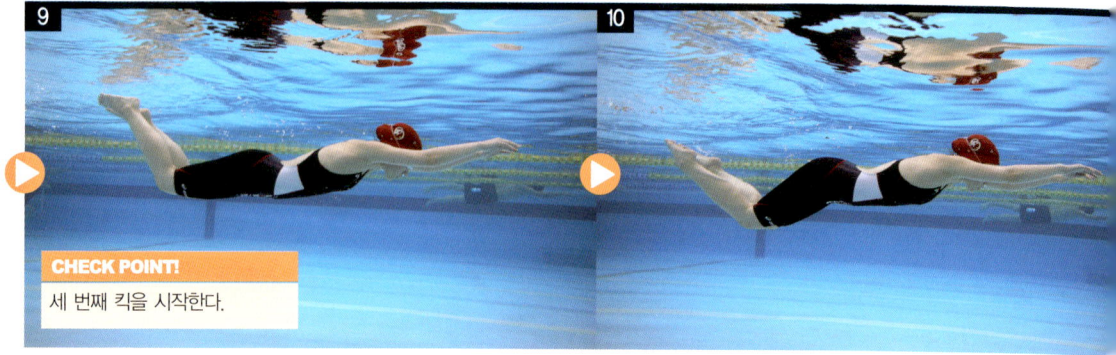

CHECK POINT!
세 번째 킥을 시작한다.

206 | 수영 마스터 가이드

목적 》》 수중에서 몸의 웨이브와 전진의 감각을 파악하여
2킥 접영 실력을 향상시킨다.

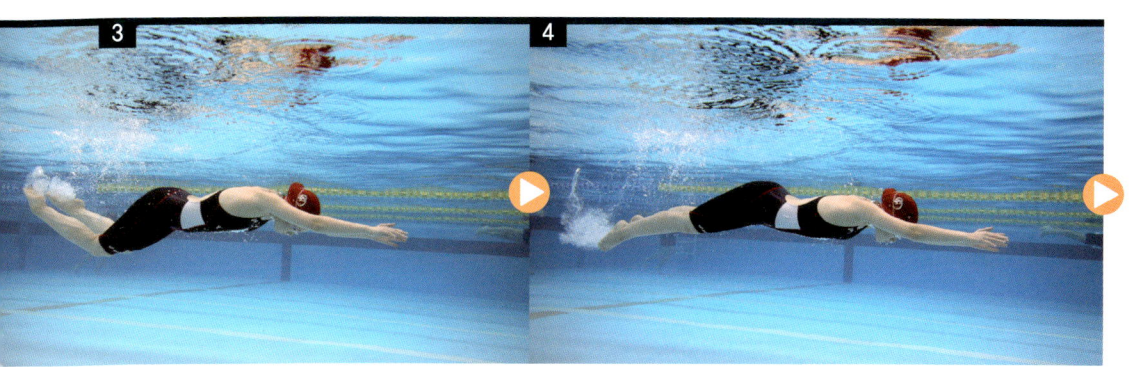

CHECK POINT!
두 번째 킥을 종료한다.

CHAPTER 07 접영 | 207

LESSON 157 | 접영 · 킥과 호흡

초급 중급 상급

돌핀 킥+평영 풀

· 횟수 | 25m×6회

목적 »» 돌핀 킥에 평영 풀을 조합하여 킥과 풀과 호흡의 타이밍을 파악한다.

돌핀 킥에 평영 풀을 조합하여 수영한다.

두 번째 킥을 했으면 평영 풀을 시작한다.

물을 가슴 쪽으로 저으면서 얼굴을 수면 위로 올려 호흡한다.

손이 입수함과 동시에 얼굴을 수중으로 되돌리고 첫 번째 킥을 준비한다.

얼굴을 수중으로 잠수시키듯이 하며 첫 번째 킥을 한다.

몸이 굽이치며 물속을 꿰매듯이 전진한다.

POINT TIP!

평영에서 파생된 접영은 호흡의 타이밍이 평영과 비슷하다. 첫 번째 킥은 약하게, 두 번째 킥은 강하게 하며, 두 번째 킥에 풀과 호흡을 맞춘다.

 얼굴을 바로 위로 들며 호흡하면 수영의 리듬이 끊기고 만다. 턱을 끌어당기고 대각선 위로 얼굴을 올려 부드럽게 호흡하자.

 LESSON **158** | 접영 · 영력 향상　　

풀판을 사용하여 물 젓기

· 횟수 | 25m×6회

목적 》》 물의 저항이 커지기 때문에 올바른 동작으로 물을 확실히 저을 수 있게 된다.

■ 손끝부터 부드럽게 입수한다.

■ 물의 저항을 느끼면서 힘차게 물을 젓는다.

■ 가슴 근육도 사용하여 단숨에 젓는다.

POINT TIP!
물의 저항이 커지기 때문에 팔 동작이 올바르지 않으면 제대로 물을 젓지 못한다. 또한 빠르고 세게 저으면서 수영하면 힘찬 스트로크에 필요한 근력 트레이닝으로도 이어진다.

 손끝부터 입수하지 않으면 풀판이 물의 저항을 받는다. 올바른 폼으로 입수하기 바란다.

LESSON **159** | 접영 · 영력 향상 　　초급　중급　**상급**

오리발을 사용하여 연습하기

· 횟수 | 25m×6회

목적 >>> 자신은 얻을 수 없는 추진력을 느낄 수 있다. 킥을 잘 못해도 편하게 오래 수영할 수 있다.

▌발에 오리발을 끼우고 접영으로 수영한다.

▌첫 번째 킥을 했으면 스트림라인 자세를 의식한다.

▌두 번째 킥을 할 준비를 한다.

물을 저으면서 두 번째 킥을 하고, 얼굴을 수면 위로 올려 호흡한다.

단숨에 후방으로 밀어내듯이 물을 젓는다.

손은 천천히 리커버리하며 앞으로 되돌린다.

POINT TIP!
편하게 긴 거리를 수영할 수 있는 놀이 요소가 가미된 연습 메뉴다. 발목을 확실히 뻗고 오리발을 돌고래의 꼬리지느러미처럼 유연하게 움직이며 나아가자.

 너무 속도를 내면 위험한 상황에 빠질 수도 있다. 혼잡한 상황 등 주위의 환경을 배려하면서 안전하게 사용하기 바란다.

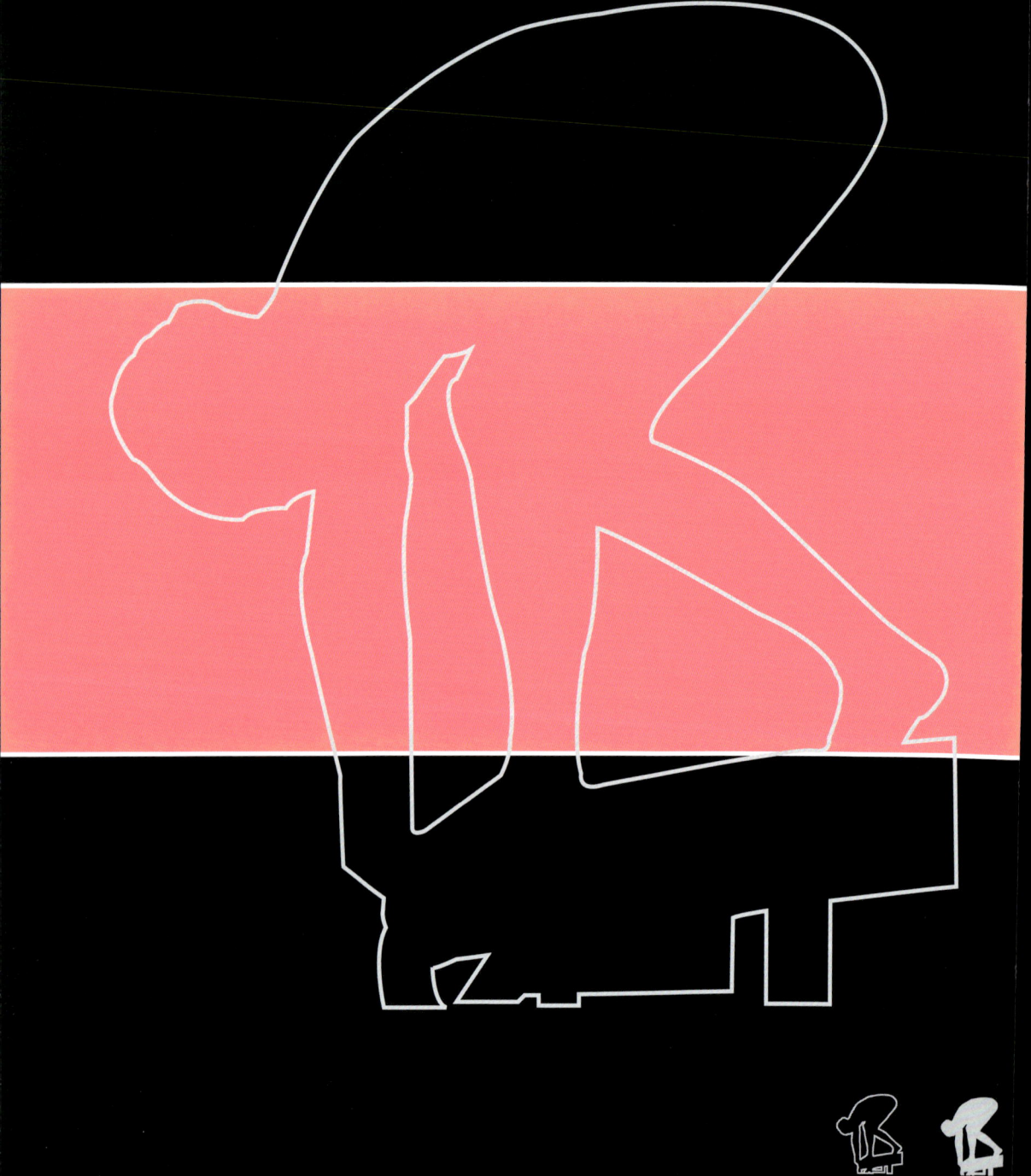

CHAPTER 08
스타트와 턴
START & TURN

25미터를 헤엄칠 수 있게 되면 좀 더 긴 거리를 수영하고 싶어진다. 그리고 긴 거리를 수영할 수 있게 되면 기록에 도전하거나 대회에 참가하고 싶어질 것이다. 스타트와 턴은 이를 위한 필수 기술이다.

코치의 한 마디!

빠르게, 장거리를 헤엄치기 위한 필수 기술

역동적으로 공중을 가르며 물속으로 미끄러져 들어가는 스타트. 보기에도 기분 좋게 물속을 나아가는 배영의 바사로(Vassallo) 스타트. 그리고 25미터나 50미터를 수영한 뒤에 벽을 차 추진력을 높이는 턴. 이는 모두 빠르게 장거리를 헤엄치고 싶은 상급자에게 필요한 기술이다. 수영의 세계를 보다 폭넓게 경험하기 위해 두려워하지 말고 도전하자.

ADVICE
입수에 대한 공포감이 있으면 지도자의 도움을 받으며 서서히 하는 것이 좋다.

스타트 후 물속에서의 움직임

스타트는 수영인이 동경하는 상급 기술이다. 수영 수준이 높아지면 좀 더 빠르게 헤엄치고 싶은 기분이 강하게 샘솟을 것이다. 자신의 실력을 시험할 기회가 바로 대회나 경기다. 이런 공식 대회에서는 스타트를 해야 할 때도 많으므로, 출발대가 있는 수영장에서 연습할 수 있는 사람은 스타트를 마스터해두자. 출발대에서 스타트하는 방법은 레슨 163, 164에서 소개했으므로 여기에서는 스타트 후 물속에서의 움직임에 대해 설명한다.

턱을 끌어당기고 손끝부터 발끝까지 곧게 편다.

떠오르지 말고 자세를 그대로 유지한다.

돌핀 킥으로 떠오를 준비를 한다. 평영의 경우에는 여기에서 '한 번 젓고 한 번 차기'를 한다.

킥이 끝나면 떠오른다.

두 가지 스타트의 장점과 단점

양 발가락을 출발대에 걸고 스타트하는 '그랩 스타트(Grab Start)'와 주로 쓰지 않는 쪽 발가락을 출발대에 거는 '트랙 스타트(Track Start)'가 있다. 각각 장단점이 있으니 양쪽 모두 시험해보고 자신에게 맞는 쪽을 사용해도 무방하다.

■그랩 스타트

장점: 파울을 할 확률이 낮다. 출발대를 빠르게 떠날 수 있다.
단점: 무릎을 너무 굽히면 반응 시간이 늦어진다.

■트랙 스타트

장점: 곧바로 움직일 수 있는 자세이기 때문에 반응 시간이 짧다.
단점: 한발로 차기 때문에 출발 속도가 느리다.

턴의 종류

이 책에서는 턴을 크게 플립 턴(Flip Turn), 롤오버 턴(Rollover Turn), 오픈 턴(Open Turn, 한 손 터치, 양손 터치) 등 네 가지로 나누어 소개했다. 특히 수평 턴을 할 때는 발을 제대로 끌어당기지 못하는 사람이 많으므로 반복 연습을 통해 마스터하자.

■회전 턴

플립 턴 → 자유형에서 사용
롤오버 턴 → 배영에서 사용

■직선 턴

오픈 턴(양손 터치) → 평영, 접영에서 사용
오픈 턴(한 손 터치) → 자유형, 배영에서 사용

LESSON 160 | 뛰어들기

초급 중급 상급

발부터 뛰어들기

· 횟수 | 4회

목적 》》 발부터 뛰어드는 연습이다. 물속으로 입수하는 것에 익숙해진다.

영자는 풀사이드에 쭈그리고 앉아 양손을 앞으로 모으고, 지도자는 물속에서 보조를 한다.

지도자는 영자의 손을 천천히 잡아당겨 물속으로 이끈다.

영자는 지도자의 보조를 받으며 발부터 입수한다.

물속으로 뛰어들었으면 머리까지 잠긴다.

POINT TIP!
머리부터 물로 입수하는 스타트는 수영을 할 줄 아는 사람이라도 익숙해지기 전까지는 두려운 법이다. 먼저 발부터 뛰어드는 연습을 반복하여 물에 뛰어드는 감각에 익숙해지는 것부터 시작하도록 한다.

 처음에는 무리하게 풀사이드를 차며 점프할 필요는 없다. 지도자의 도움에 몸을 맡기고 조용히 입수하자.

216 | 수영 마스터 가이드

LESSON **161** | 뛰어들기

앉아서 뛰어들기

· 횟수 | 4회

목적 》》 앉은 상태에서 뛰어드는 연습이다. 스타트 특유의 공포심을 점점 없앤다.

영자는 풀사이드에 걸터앉아 양손을 앞으로 모으고, 지도자는 물속에서 보조를 한다.

지도자는 영자의 손을 천천히 잡아당겨 물속으로 이끈다.

영자는 지도자의 보조를 받으며 발부터 대각선 전방으로 입수한다.

물속으로 뛰어들었으면 머리까지 잠긴다.

POINT TIP!
발부터 뛰어들기보다 뛰어들기에 가까운 각도로 연습하여 서서히 공포심을 없애 나간다. 지도자는 영자의 손을 잡고 부드럽게 잡아당기면서 뛰어들기를 보조해주기 바란다.

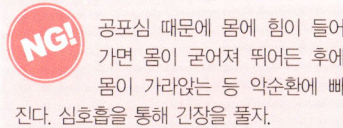

공포심 때문에 몸에 힘이 들어가면 몸이 굳어져 뛰어든 후에 몸이 가라앉는 등 악순환에 빠진다. 심호흡을 통해 긴장을 풀자.

CHAPTER 08 스타트와 턴 | 217

LESSON 162 | 뛰어들기

머리부터 뛰어들기

초급　중급　상급

・횟수 | 4회

목적 ≫ 머리부터 뛰어드는 연습이다. 시선을 낮게 하면 안심하고 입수할 수 있다.

영자는 풀사이드에 걸터앉아 양손을 앞으로 모으고, 지도자는 물속에서 보조를 한다.

지도자는 영자의 손을 천천히 잡아당겨 물속으로 이끈다.

손끝, 머리의 순서로 조용히 입수한다.

물속으로 뛰어들었으면 머리까지 잠긴다.

POINT TIP!
몸을 비스듬히 하여 입수할 수 있게 되었다면 머리부터 입수하기에 도전하자. 풀사이드에 앉아서 시선이 낮은 위치에서 스타트하여 떨어진다는 느낌으로 입수하면 공포심이 완화된다.

 얼굴부터 떨어지면 공포심이 커진다. 관자놀이를 양팔 사이에 끼우고 머리의 정점부터 입수하자.

그랩 스타트

· 횟수 | 4회

목적 » 수영의 가장 일반적인 스타트를 익힌다.

| 양발을 어깨너비로 벌린다. 무릎을 조금 굽힌 다음 발가락을 출발대에 걸고 양손을 내린다.

| 수평보다 조금 위를 향해 뛰어든다.

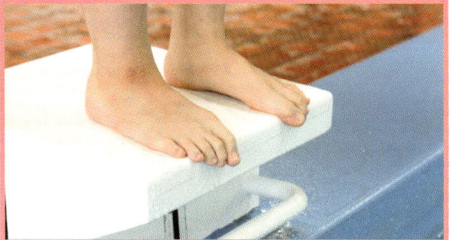

| 몸을 곧게 펴서 손끝, 머리, 어깨, 허리, 발끝의 순서로 입수한다.

| 출발대를 차고 뛰쳐나가기 쉽도록 발가락을 출발대에 건다.

POINT TIP!
스타트에는 두 가지 방법이 있다. 그랩 스타트는 양발을 모아 출발대에 서는 일반적인 방법이다. 힘차게 멀리까지 뛸 수 있는 반면에 플라잉을 범하기 쉽다는 단점도 있다.

LESSON 164 | 스타트

트랙 스타트

초급 중급 상급

· 횟수 | 4회

목적 》》 선수용 스타트를 익힌다.

발을 앞뒤로 벌린 뒤 앞발은 출발대에 걸고, 양손은 어깨너비로 벌려 출발대를 잡는다.

중심 이동을 앞으로 하면서 앞발로 출발대를 차며 뛰어나간다.

몸을 곧게 펴고 손끝, 머리, 어깨, 허리, 발끝의 순서로 입수한다.

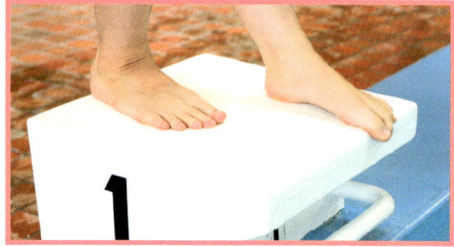

오른발잡이는 오른발을 뒤로 놓고 왼발을 출발대에 건다.

POINT TIP!
현재는 수영 선수의 절반 이상이 트랙 스타트를 한다. 그랩 스타트와 비교하면 양쪽 모두 일장일단이 있지만, 체중 이동을 하기 쉽고 비거리를 늘릴 수 있다는 장점이 있다.

 한발로 차며 나아가기 때문에 동작에 익숙해지지 않으면 제대로 뛰지 못한다. 따라서 자신에게 맞는 체중 이동과 스타트 각도를 파악할 필요가 있다.

 LESSON **165** | 턴 　　　초급　중급　상급

오픈 턴①-한 손 터치

· 횟수 | 6회

목적 ≫ 부드럽게 턴하는 방법을 익혀 자유형으로 25미터 이상 수영한다.

마지막 스트로크를 한 팔을 허벅지 쪽으로 당기고 입수하는 팔과 반대쪽 어깨는 몸 중심선을 따라 수영장벽을 터치한다.

무릎을 굽히고 몸을 벽으로 끌어당긴 뒤, 몸을 반전시키면서 얼굴을 수면 위로 올려 호흡한다.

양 발바닥을 벽에 붙이고, 벽에 터치한 손을 크게 돌리면서 진행 방향으로 뻗는다.

양손을 곧게 뻗고 진행 방향을 향해 양발로 벽을 찬다.

스트림라인 자세를 취하며 나아간다.

추진력이 떨어지면 킥과 풀 동작을 시작한다.

POINT TIP!
플립 턴을 습득하기 전까지 자유형에서는 한 손 터치의 오픈 턴을 연습한다. 수영의 흐름을 바꾸지 않고 속도를 죽이지 않으면서 얼마나 부드럽게 턴할 수 있느냐가 포인트다.

 벽 쪽으로 몸을 부드럽게 끌어당기지 못하면 시간 낭비로 이어진다. 턴도 수영의 일부라고 생각하고 흐름을 중요하게 여기자.

LESSON **166** | 턴

초급 중급 상급

오픈 턴②-양손 터치

· 횟수 | 6회

목적 》》 부드럽게 턴하는 방법을 익혀 평영과 접영으로 25미터 이상 수영한다.

손을 곧게 뻗고 양손으로 벽을 터치한다.

한 손을 수중에서 진행 방향으로 이동시키면서 무릎을 굽혀 몸을 벽 쪽으로 끌어당기고, 얼굴을 수면 위로 내밀어 호흡하면서 방향을 전환한다.

양손을 전방으로 곧게 뻗고 양발로 벽을 차며 나아간다.

POINT TIP!
평영과 접영은 벽을 양손으로 터치하지 않으면 경기에서 실격 처리된다. 설령 경기에 나갈 일이 없더라도 양손 터치를 익히자.

 양손 터치는 한 손 터치에 비해 벽 쪽으로 몸을 끌어당기기가 어렵다. 따라서 추진력을 이용하여 부드러운 방향 전환을 목표로 하자.

 LESSON **167** | 턴

앞돌기 ①

· 횟수 | 2회

목적 »» 보조를 받으며 물속에서 앞돌기를 익혀 플립 턴의 감각을 파악한다.

지도자는 영자 뒤에 서서
영자의 양팔을 잡는다.

지도자가 영자의 팔을 몸 쪽으로 잡아당기는 동시에
영자는 몸을 앞으로 둥글게 굽힌다.

지도자는 영자의 팔을 끌어올리고, 영자는 지도자의
보조에 몸을 맡기며 회전한다.

지도자는 영자의 팔을 잡고
수면으로 끌어내린다.

POINT TIP!
플립 턴은 물속에서 앞돌기를 하며 방향을 바꾸는 턴이다. 앞돌기를 잘 못하는 사람은 팔 젓기를 이용하면 돌기 쉬워지므로, 지도자는 그 움직임을 도와주도록 하자.

 앞돌기를 할 때 코로 물이 들어가면 공포심이 생긴다. 회전 중에는 계속 코로 숨을 뱉어내도록 한다.

 LESSON **168** | 턴

앞돌기②

· 횟수 | 2회

목적 »» 보조를 받으며 물속에서 앞돌기를 몸에 익혀 플립 턴의 감각을 파악한다.

지도자는 영자의 옆에 서서 손으로 영자의 배와 후두부를 받친다.

지도자는 왼손을 영자의 배에 대고 오른손으로 후두부를 누르며, 영자는 몸을 둥글게 굽힌다.

지도자의 왼손은 영자의 배를 지탱하고, 오른손은 후두부를 들어 올려 회전시킨다.

POINT TIP!
물속에서 앞돌기를 못하는 사람을 보조하는 방법은 두 가지 패턴이 있다. 배와 등을 보조하며 회전시키는 방법이다. 두 번 정도 보조해주면 의외로 빠르게 요령을 파악할 수 있다.

 두 방법 모두 지도자와 영자의 타이밍이 맞지 않으면 제대로 되지 않는다. 두 명이 호흡을 맞추며 연습하자.

LESSON 169 | 턴　　　　　

벽 없이 턴하기

· 횟수 | 2회

목적 ≫ 벽이 다가온다는 공포심을 없애며 본격적인 플립 턴으로 연결시킨다.

몸을 곧게 펴고
양손을 몸 옆에 모은다.

머리를 숙인다.

시선은 자신의 배를 보며 무릎을 굽혀
몸을 둥글게 만든다.

손으로 균형을 잡으면서
회전한다.

1회전 했으면 수영장에 선다.

POINT TIP!
눈앞에 벽이 있으면 무서워서 회전하지 못하는 사람에게 추천하는 연습 메뉴다. 실제로 자유형을 하면서 벽이 없는 곳에서 앞돌기를 하여 조금씩 익숙해지자.

 턴을 하기 전에 멈춰 버리면 회전하기가 힘들다. 자유형의 속도를 턴에 활용한다는 느낌으로 턴을 해보자.

LESSON 170 | 턴

플립 턴

초급 중급 상급

· 횟수 | 6회

목적 »» 플립 턴을 몸에 익혀 자유형으로 25미터 이상 원활하게 수영한다.

벽에서 1미터 정도의 거리가 되면 머리를 숙인다.

코로 숨을 뱉어내면서 앞으로 돈다.

몸이 진행 방향을 향했다면 양손을 앞으로 뻗고 무릎을 굽히며 발바닥을 벽에 붙인다.

몸을 아래로 비틀면서 벽을 강하게 찬다.

몸을 곧게 뻗어 스트림라인 자세를 취한다.

속도가 떨어지면 킥과 풀을 시작한다.

POINT TIP!
물의 저항이 적은 플립 턴은 오픈 턴보다 재빨리 방향을 전환할 수 있는 본격적인 턴이다. 턴을 할 때 속도를 높일 수 있을 뿐만 아니라 보기에도 멋지다.

 벽에 발바닥을 붙이는 위치가 나쁘면 벽을 제대로 차지 못해 속도를 낼 수 없다. 연습을 하면서 가장 좋은 위치를 찾아내자.

스핀 턴

· 횟수 | 6회

목적 》》 부드럽게 턴하는 방법을 익혀 배영으로 25미터 이상 수영할 수 있게 된다.

▌벽이 가까워지면
▌한 손을 곧게 뻗는다.

▌한 손으로 벽을
▌터치한다.

▌무릎을 굽히고 터치한 손 쪽으로
▌몸을 회전시킨다.

▌재빨리 옆으로 180도
▌회전한다.

▌양 발바닥을 벽에 붙이고 양손은 진행 방향으로
▌곧게 뻗는다.

▌벽을 강하게 차며 스트림라인 자세를
▌취한다.

POINT TIP!
장기적으로는 다음 페이지의 롤오버 턴을 마스터하는 것이 가장 좋지만, 스핀 턴으로도 충분히 긴 거리를 헤엄칠 수 있다. 배영은 자유형과 같이 한 손으로 터치한다.

 벽의 위치가 보이지 않으므로 벽에 머리를 부딪치지 않도록 주의하기 바란다. 천장 등에 표식이 될 물건을 미리 봐두면 좋다.

LESSON 172 | 턴 초급 중급 상급

롤오버 턴

· 횟수 | 2회

목적 » 롤오버 턴을 몸에 익혀 배영을 25미터 이상 원활하게 수영한다.

| 벽까지 5미터 정도를 기준으로 턴 준비를 한다.

| 몸을 비틀면서 아래쪽으로 회전시켜 자유형과 마찬가지로 엎드린 자세를 만든다.

| 오른손을 저으면서 플립 턴을 시작한다.

■ 코로 숨을 뱉어내며 1회전한다.

■ 완전히 누운 상태가 되면, 양손을 진행 방향으로 뻗고, 무릎을 굽히고 발바닥을 벽에 붙인다.

■ 벽을 힘껏 차며 백스트림라인 자세로 나아간다.

POINT TIP!
롤오버 턴은 배영의 플립 턴이다. 기본적으로는 플립 턴과 같지만, 아래를 향한 상태로 몸을 구부리는 동작 이외의 킥이나 풀은 금지된다.

 롤오버 턴은 배영의 플립 턴이다. 기본적으로는 플립 턴과 같지만, 아래를 향한 상태로 몸을 구부리는 동작 이외의 킥이나 풀은 금지된다.

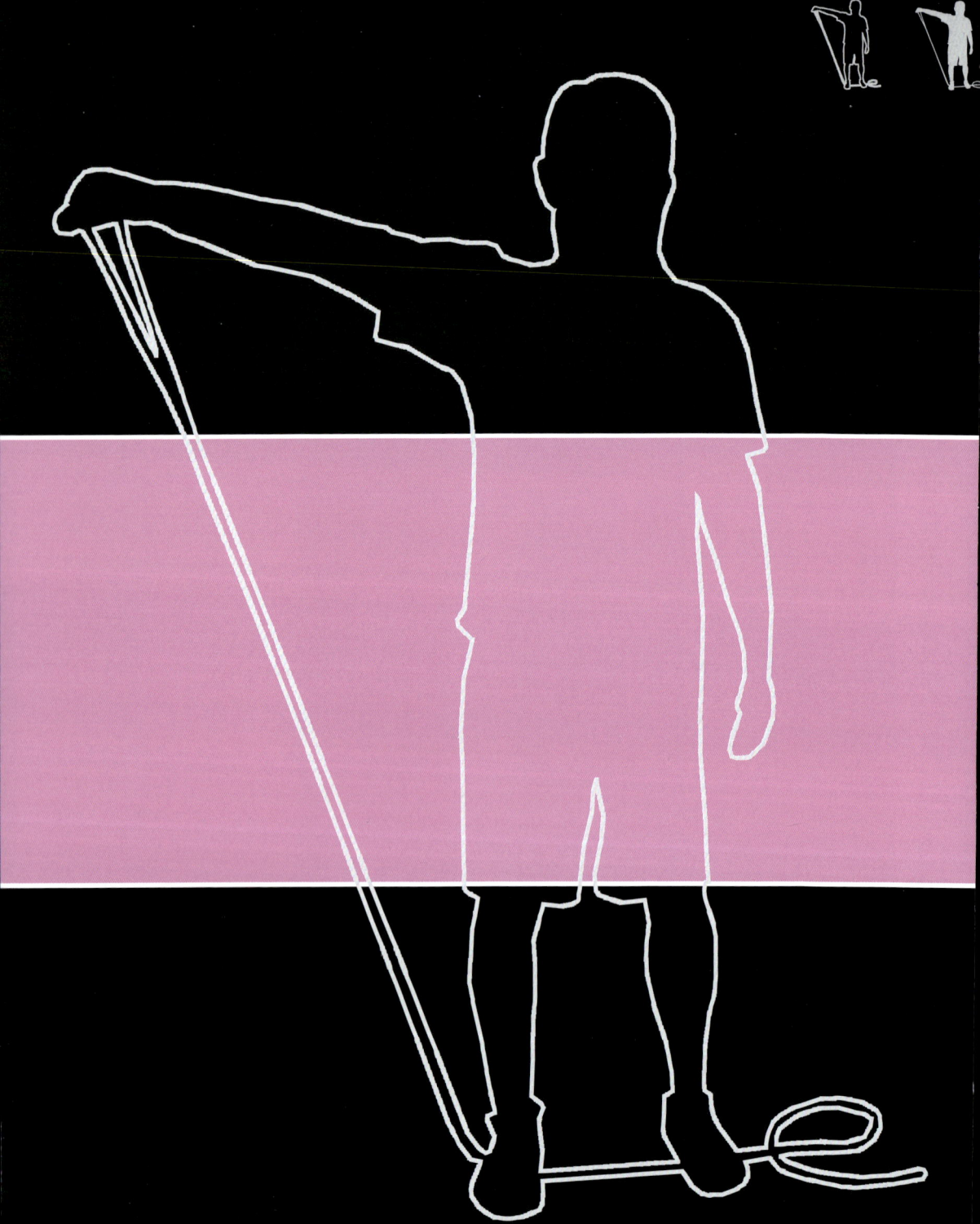

CHAPTER 09

홈 트레이닝
HOME TRAINING

수영장만이 연습 장소가 아니다. 근육을 단련하는 트레이닝을 지상에서 하면 그만큼 수영 실력을 향상시킬 수 있다. 주변 도구를 이용하여 가볍게 트레이닝하자.

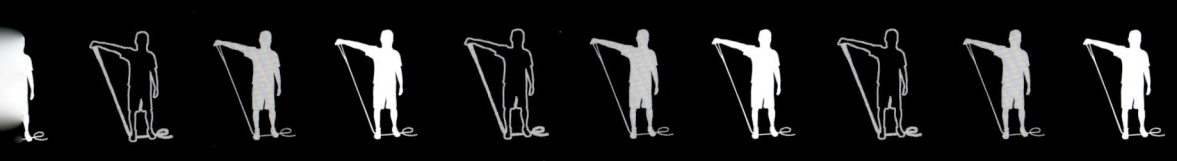

코치의 한 마디!

물이 없어도 수영 실력은 향상된다

지상에서 실제로 헤엄을 칠 수는 없지만, 수영을 할 때 사용하는 근육을 단련시킴으로써 간접적으로 수영 기술을 향상시킬 수 있다. 덤벨이나 벤치 같은 기구를 사용하지 않아도 튜브나 페트병, 의자나 테이블 등 우리 주변에 있는 것을 활용하여 가볍게 트레이닝하자.

ADVICE
스포츠 용품점에서 판매하는 튜브는 가볍고 부피가 크지 않기 때문에 여행지에서의 트레이닝에도 추천한다.

수영에서 사용하는 근육

주로 풀이나 킥을 할 때 활약하는 근육을 중심으로 단련한다. 어떤 근육이 어떤 활동을 하는지 알아두고 트레이닝을 할 때 그 부위에 집중하는 것이 효과적인 근육 트레이닝의 비결이다.

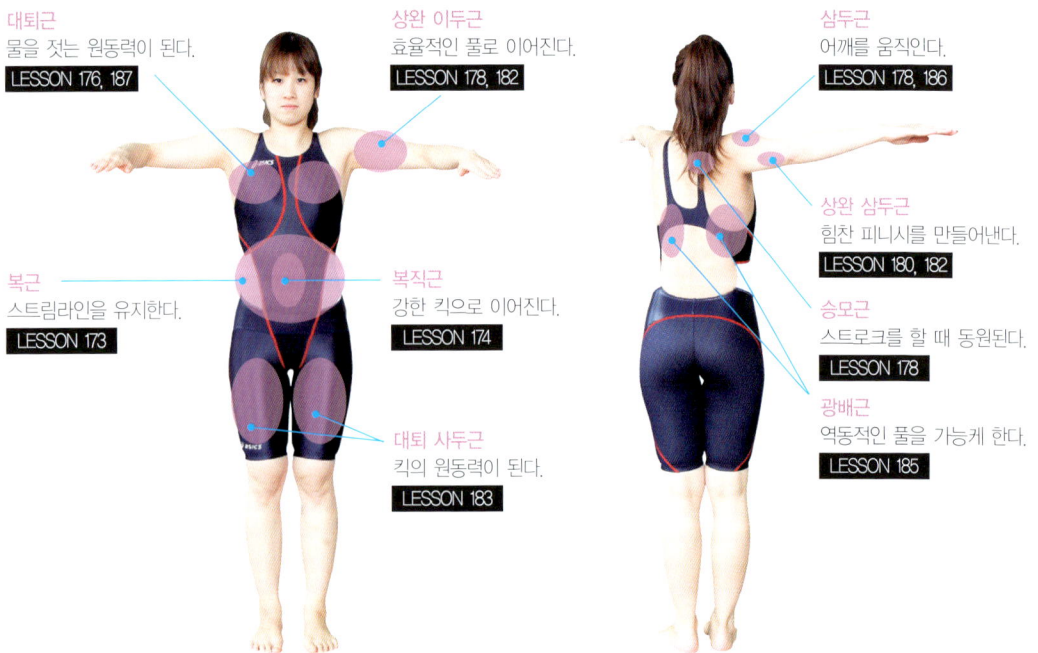

대퇴근 물을 젓는 원동력이 된다. LESSON 176, 187

상완 이두근 효율적인 풀로 이어진다. LESSON 178, 182

삼두근 어깨를 움직인다. LESSON 178, 186

복근 스트림라인을 유지한다. LESSON 173

복직근 강한 킥으로 이어진다. LESSON 174

상완 삼두근 힘찬 피니시를 만들어낸다. LESSON 180, 182

승모근 스트로크를 할 때 동원된다. LESSON 178

대퇴 사두근 킥의 원동력이 된다. LESSON 183

광배근 역동적인 풀을 가능케 한다. LESSON 185

헬스클럽 이용과 다른 스포츠를 통한 균형감 향상

물론 헬스클럽에서 좀 더 본격적으로 근육을 단련하는 것도 좋은 선택이다. 왼쪽 페이지에서 소개한 근육을 단련할 수 있는 헬스클럽의 머신은 다음과 같다.

- 벤치 프레스 → 대흉근, 상완 삼두근, 삼각근 등
- 암 익스텐션 → 상완 삼두근
- 레그 익스텐션 → 대퇴 사두근
- 레그 프레스 → 대퇴 사두근

또한 짐볼을 준비해놓은 헬스클럽도 많으므로 짐볼 위에 배를 올려놓고 엎드려서 자세를 확인할 수도 있다. 또한 수영은 균형 운동이라는 측면도 있으므로 스키나 스노보드 같이 균형감을 중시하는 스포츠를 즐기는 것도 간접적으로 수영 실력의 향상으로 이어진다.

홈 스트레칭

스트레칭의 목적 중 하나는 운동 범위의 확보다. 어깨나 고관절을 크게 움직이는 수영에서는 각각의 관절이 얼마나 움직이는지를 사전에 알아두고 그 범위를 넘어서 무리하게 움직이지 않도록 주의하지 않으면 부상을 당할 수 있다. 그리고 스트레칭의 또 한 가지 목적은 온몸의 유연성을 확인하는 것이다. 이 책의 서장에서 소개했듯이 수영하기 전에는 스트레칭이 꼭 필요한데, 평소에 가정에서도 스트레칭을 해서 자신의 몸의 한계를 알아놓고 단계적으로 그 범위를 넓혀 나감으로써 무리 없이 수영 기술의 향상을 실현할 수 있다. 몸이 따뜻해지는 입욕 후의 스트레칭은 특히 효과적이다.

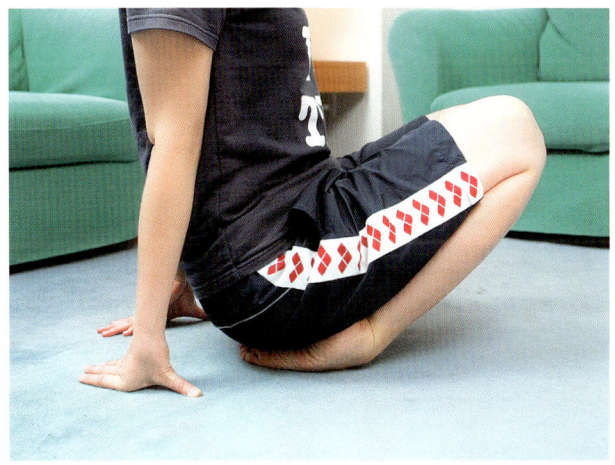

| LESSON **173** | 근육 트레이닝 | 초급 중급 상급 |

복근 단련

• 횟수 | 10회×3세트

목적 ⟫⟫ 복근은 스트림라인을 유지하는 데 필요한 근육이다. 이 근육을 단련하면 수영할 때 자세가 안정된다.

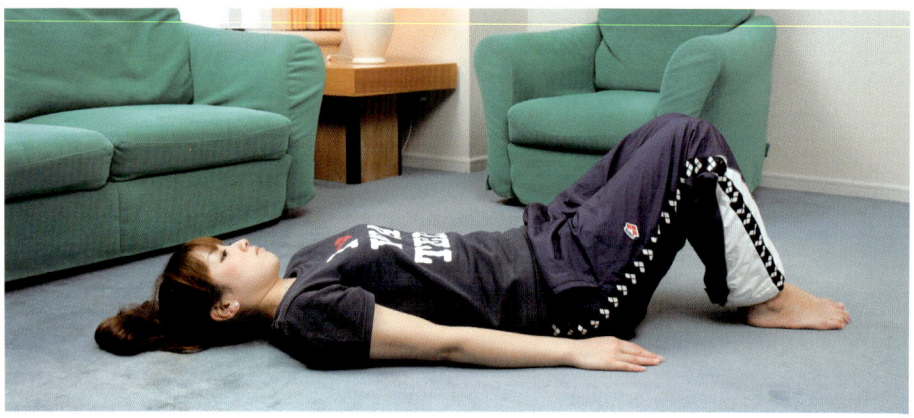

▎무릎을 굽히고 눕는다.

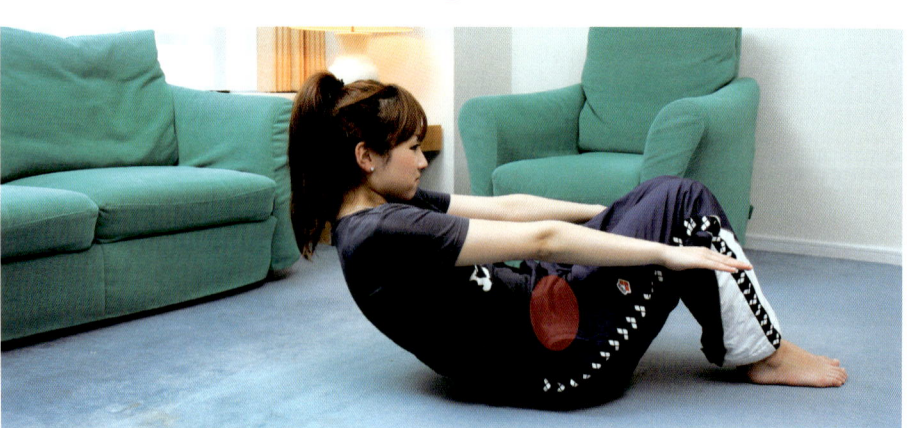

▎손을 앞으로 뻗고 5초에 걸쳐 일어나며, 그 자세를 5초 동안 유지한다.
▎그 다음 5초에 걸쳐 원래의 자세로 돌아온다.

POINT TIP!
복근은 스트림라인을 유지하는 것 외에도 킥이나 풀 등 수영의 모든 움직임의 근간이 되는 근육이다. 복근이 강화되면 수영의 잠재력이 확실히 향상된다.

 등이 구부러지면 복근이 단련되지 않는다. 배근은 곧게 뻗고 배의 근육을 의식하며 자세를 유지하자.

 **LESSON 174** | 근육 트레이닝

복직근 하부 단련

· 횟수 | 10회×3세트

목적 » 복직근 하부는 배꼽 아래의 근육을 가리킨다. 이 근육을 단련하면 킥의 강화로 이어진다.

▌누운 자세에서 시작한다.

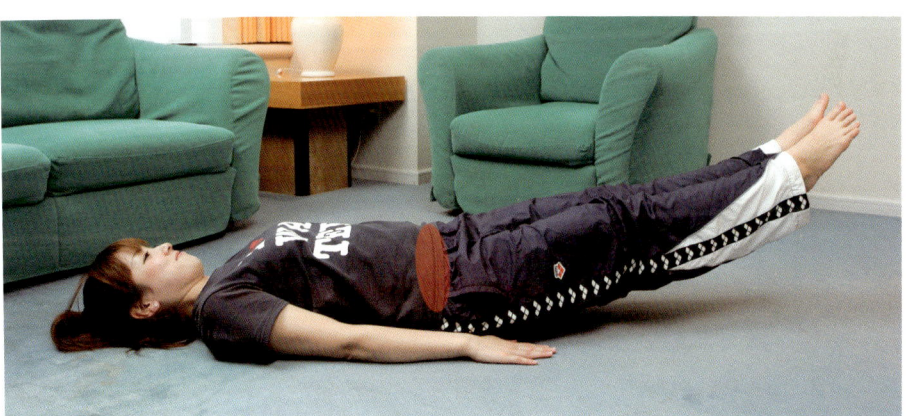

▌호흡을 멈추지 말고 다리를 바닥에서 20센티미터 위로 들어
10초 동안 정지한다.

POINT TIP!
복근에는 복직근과 복사근, 복횡근 등 여러 종류가 있다. 복직근 하부는 배꼽 아래 부근의 근육으로, 이 부위의 강화는 강력한 킥으로 이어진다.

 다리를 올릴 때 허리가 휘어지면 허리를 다칠 수 있다. 허리를 눌러서 바닥에 붙인다는 느낌으로 다리를 들도록 하자.

LESSON 175 | 호흡력 향상

복식호흡

· 횟수 | 10~20회

목적 >>> 공기를 잔뜩 들이마시고 길게 뱉어내는 복식호흡. 수영의 기본이 되는 복식호흡을 마스터한다.

POINT TIP!
복식호흡은 흉식호흡에 비해 한 번에 많은 공기를 들이마실 수 있고, 같은 힘으로 오랫동안 뱉어낼 수 있기 때문에 수영에는 최적의 호흡법으로 알려져 있다. 또한 복근과 그 안에 있는 내부 근육을 단련할 수 있다는 이점도 있다.

입으로 숨을 들이마시면서 배를 부풀린다.
배를 집어넣으면서 코로 숨을 뱉어낸다.

LESSON 176 | 근육 트레이닝

가슴근육 단련

· 횟수 | 10회×3세트

목적 >>> 물을 젓는 원동력이 되는 가슴근육을 단련하여 풀을 통한 속도 향상으로 연결시킨다.

 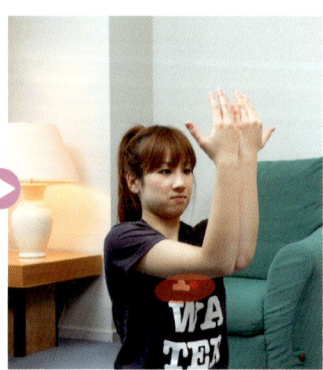

POINT TIP!
가슴과 함께 어깨와 팔의 근육을 단련함으로써 풀 동작이 더욱 강력해진다.

 팔꿈치의 위치가 너무 낮거나 높으면 가슴근육이 강화되지 않으니 주의하자.

팔꿈치를 90도로 굽히고 가슴 앞에서 벌린다.

가슴 앞에서 닫는다.

LESSON 177 | 스트레칭

어깨 관절 스트레칭

- 횟수 | 좌우 2회
- 시간 | 각 10초

목적 ≫ 어깨 관절을 스트레칭하여 운동 범위를 넓힌다. 풀 동작의 범위가 커진다.

한쪽 손을 위에서, 다른 한쪽 손을 아래에서 뻗어 몸 뒤에서 잡는다.

손이 닿지 않는 사람은 수건을 사용한다.

POINT TIP!
어깨의 운동 범위가 넓어지면 풀의 효율성이 향상되어 장거리를 수영해도 피로하지 않게 된다.

NG! 좌우 손 중 어느 한쪽이 되지 않는다면 몸이나 근육의 균형이 무너졌을 가능성이 있다.

LESSON 178 | 근육 트레이닝

삼각근 단련

- 횟수 | 3회
- 시간 | 각 10초

목적 ≫ 삼각근은 어깨를 움직이는 데 필요한 근육이다. 이곳을 단련하면 리커버리가 편해진다.

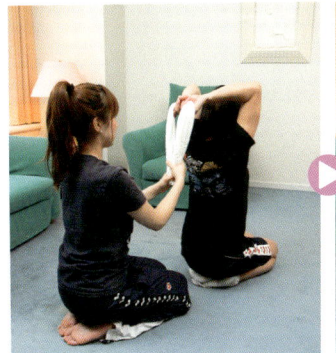

양손을 뒤로 뻗고 팔꿈치를 굽혀 타월을 잡는다.

10초에 걸쳐 타월을 끌어올린다.

POINT TIP!
삼각근은 목과 어깨, 등에 퍼져 있는 승모근과 연결되어 있어 양쪽을 평행하게 단련하면 효과적이다.

NG! 등이 굽으면 근육 트레이닝의 효과를 얻을 수 없다. 배근은 곧게 펴도록 하자.

CHAPTER 09 홈 트레이닝 | 237

LESSON 179 | 근육 트레이닝
상완 이두근 단련

· 횟수 | 좌우 3회
· 시간 | 각 10초

목적 >>> 상완 이두근은 흔히 말하는 '알통' 부분의 근육이다. 이 부위를 강화하여 효율적인 풀을 몸에 익힌다.

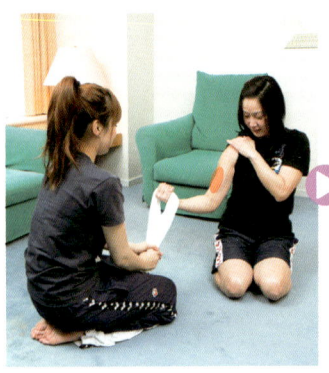
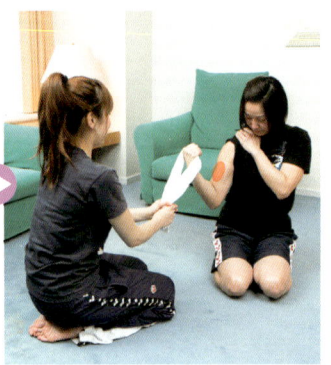

POINT TIP!
상완 이두근은 팔을 크게 내리치는 동작이나 물건을 던지는 동작을 할 때 필요한 근육이다.

 손목이 구부러지면 상완 이두근이 단련되지 않는다. 손목은 곧게 펴고 단련할 근육을 의식하기 바란다.

한쪽 팔은 옆구리에 붙이고 다른 한쪽 손으로 어깨를 받친다.

수건을 10초에 걸쳐 끌어올리고 원래 위치로 돌아온다.

LESSON 180 | 근육 트레이닝
상완 삼두근 단련

· 횟수 | 좌우 3회
· 시간 | 각 10초

목적 >>> 상완 삼두근은 상박부의 근육이다. 이 부위를 단련하여 피니시를 강화한다.

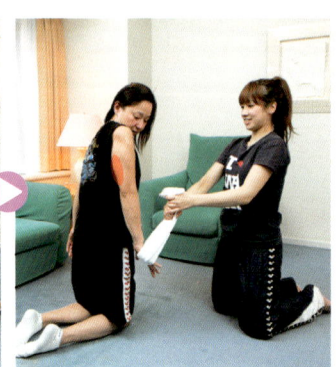

POINT TIP!
상완 삼두근은 팔을 뻗거나 물건을 밀 때 필요한 근육이다. 상완 이두근과 쌍을 이루어 움직인다.

 옆구리가 열리면 효과가 반감된다. 옆구리를 조이고 자유형이나 접영의 피니시를 의식한다.

옆구리를 조이고 팔꿈치를 굽혀 타월을 잡는다.

10초에 걸쳐 뒤로 밀고 원래 위치로 돌아온다.

LESSON 181 | 도구를 이용한 트레이닝

페트병으로 손목 단련하기

· 횟수 | 10회×3세트

목적 >>> 손목은 물을 캐치하는 데 필요한 부위다. 많은 물을 효과적으로 캐치하기 위해서는 손목 단련이 중요하다.

손을 앞으로 뻗고 페트병을 잡는다.

손목을 위아래로 굽힌다.

POINT TIP!
물을 캐치할 때 손목을 조금 굽혀서 물을 감싸 안듯이 하면 많은 물을 캐치할 수 있다.

NG! 처음부터 갑자기 무거운 것으로 연습하면 손목을 다칠 수 있다. 페트병의 무게는 신중히 조절하기 바란다.

LESSON 182 | 도구를 이용한 트레이닝

튜브로 팔 단련하기

· 횟수 | 10회×3세트

목적 >>> 물을 저을 때 필요한 상완 이두근과 상완 삼두근을 단련한다.

손을 앞으로 뻗어 튜브를 잡는다.

튜브를 후방으로 잡아당긴다.

POINT TIP!
재활 훈련에도 이용되는 신축성이 있는 튜브를 사용하면 근육을 안전하게 단련할 수 있다.

NG! 팔이 바깥쪽이나 안쪽으로 흔들려서는 안 된다. 물을 미는 느낌으로 앞에서 뒤로 곧게 움직이자.

LESSON 183 | 도구를 이용한 트레이닝

튜브로 허벅지 단련하기 ①-앞뒤

· 횟수 | 10회×3세트

목적 >>> 허벅지 앞뒤의 근육을 단련하여 힘찬 킥을 몸에 익힌다.

 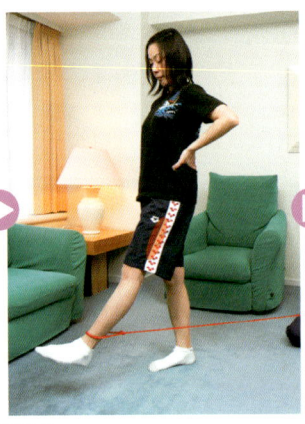 

한쪽 손목에 튜브를 건다. 전방으로 당겼다가 원래 위치로 돌아온다.

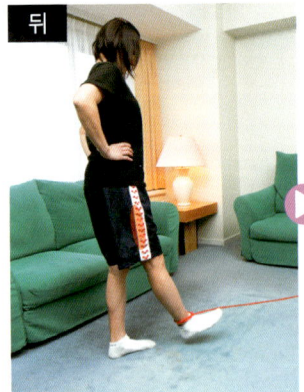 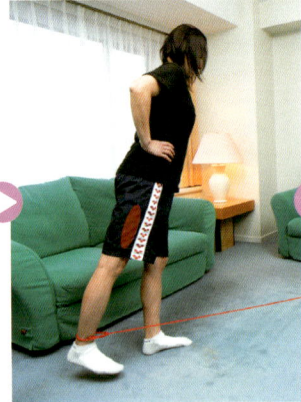 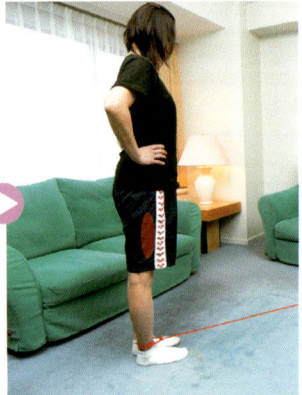

한쪽 손목에 튜브를 건다. 후방으로 당겼다가 원래 위치로 돌아온다.

POINT TIP!
허벅지 앞을 대퇴 사두근, 뒤를 대퇴 이두근(햄스트링)이라고 하며, 모두 킥의 원동력이 되는 근육이다. 양쪽 모두 균형 있게 단련하는 것이 영력 향상으로 이어진다.

 반동을 이용하면 본래의 효과를 얻을 수 없다. 튜브를 당길 때나 돌아올 때도 같은 속도를 유지하며 힘조절을 하자.

LESSON **184** | 도구를 이용한 트레이닝

튜브로 허벅지 단련하기②
–안쪽과 바깥쪽

· 횟수 | 10회×3세트

목적 》》 허벅지의 안쪽과 바깥쪽을 단련하여 특히 평영 킥에 필요한 부분을 강화한다.

| 똑바로 서서 팔은 허리에 댄다. 한쪽 다리에 튜브를 걸고 안쪽으로 당긴다.
| 바깥쪽으로 당긴다.

| 반대쪽 발도 같은 요령으로 실시한다.
| 바깥쪽으로 당긴다.

POINT TIP!
허벅지 안쪽을 내전근, 바깥쪽을 외전근이라고 한다. 내전근은 다리를 바깥쪽으로 움직일 때, 외전근은 다리를 벌리거나 안쪽으로 비틀 때 사용하며, 평영 킥에 필요하다.

 무릎이 구부러지거나 자세가 무너지면 안 된다. 자세도 무릎도 곧게 뻗으며, 튜브는 같은 속도로 당겼다가 돌아온다.

LESSON 185 | 도구를 이용한 트레이닝

튜브로 광배근 단련하기

• 횟수 | 10회×3세트

목적 »» 팔의 움직임에 연동하는 등 근육을 단련하여 역동적인 풀을 가능케 한다.

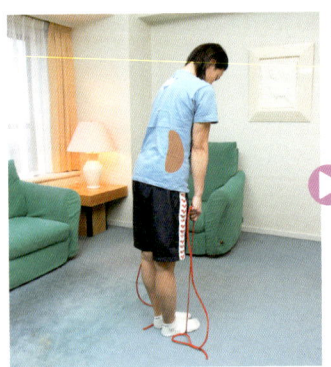
광배근을 사용하여 튜브를 끌어올린다.

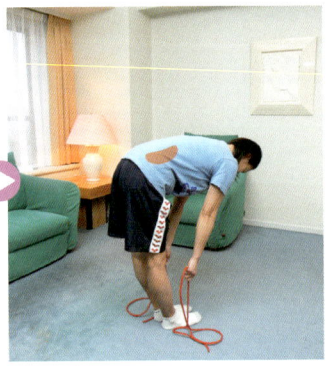
몸을 앞으로 기울여 발바닥으로 밟은 튜브를 잡는다.

POINT TIP!
광배근은 팔을 돌리고, 휘두르고, 당기는 등 어깨 관절을 중심으로 한 팔의 움직임이나 운동과 관계가 있다.

 급격한 동작이나 지나친 부담은 허리를 다치게 하므로 몸 상태를 살피면서 하자.

 LESSON 186 | 도구를 이용한 트레이닝

튜브로 삼각근 단련하기

• 횟수 | 10회×3세트

목적 »» 삼각근은 풀을 하는 데 필요한 근육이다. 원활한 리커버리를 위해 강화한다.

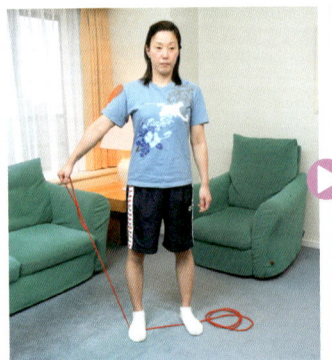
발바닥으로 튜브를 밟고 한 손으로 잡는다.

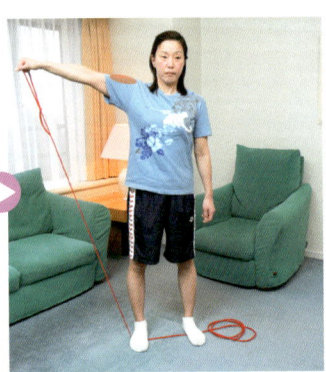
튜브를 어깨 높이까지 끌어올린다.

POINT TIP!
삼각근은 목, 어깨, 등의 승모근과 연결되어 있다. 양쪽을 균형 있게 단련하면 효과적이다.

 팔을 지나치게 높게 올리면 다칠 수 있으니 주의한다.

LESSON 187 | 도구를 이용한 트레이닝

튜브로 대흉근 단련하기

• 횟수 | 좌우 10회×3세트

목적 ≫ 대흉근은 물을 젓는 원동력이 되는 부분이다. 힘찬 풀이 속도 향상을 가능케 한다.

▸ 한쪽 팔꿈치를 90도로 굽히고 튜브를 잡는다.

▸ 튜브를 잡은 손을 가슴 쪽으로 끌어당긴다.

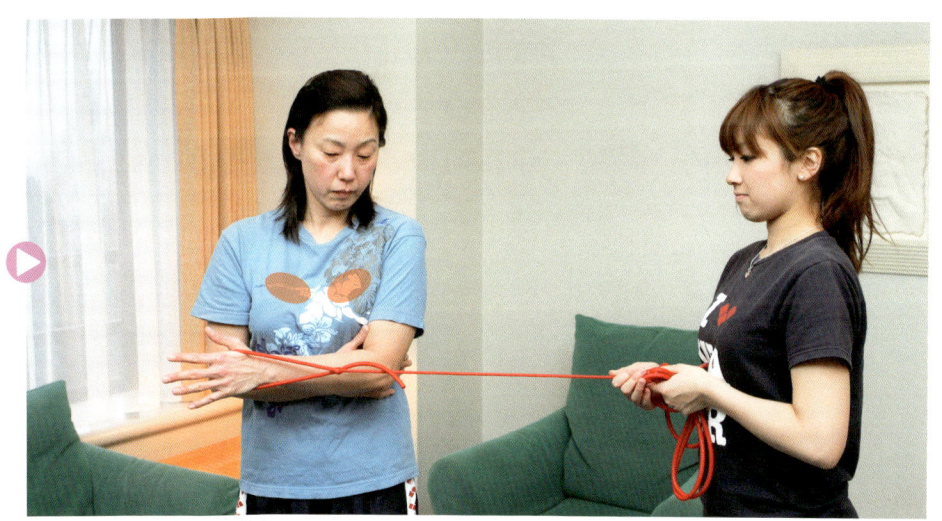

▸ 다른 쪽 손으로 옆구리를 받치고, 튜브를 잡은 손의 옆구리를 확실히 조인다.

POINT TIP!
대흉근은 가슴의 상부를 차지하는 커다란 근육이다. 이 부분은 팔을 밀어내는 동작 등에 필요하다. 또한 어깨와 팔도 동시에 단련하면 강력한 풀을 익힐 수 있다.

 옆구리가 열리면 대흉근이 단련되지 않는다. 튜브를 잡지 않은 쪽 손으로 옆구리를 받치면 트레이닝을 하기가 쉬워진다.

CHAPTER 09 홈 트레이닝 | 243

LESSON 188 | 도구를 이용한 트레이닝

튜브를 이용하여 자세 점검하기

· 횟수 | 좌우 10회×3세트

목적 » 튜브를 걸고 팔 젓기를 이미지 트레이닝한다. 풀의 동작 확인과 동시에 근력도 향상시킬 수 있다.

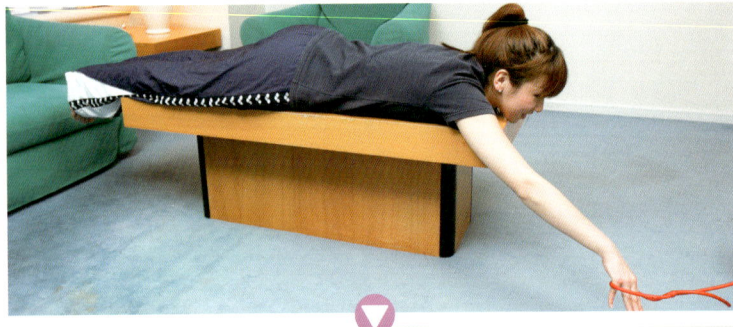

■ 테이블 위에 엎드린다.

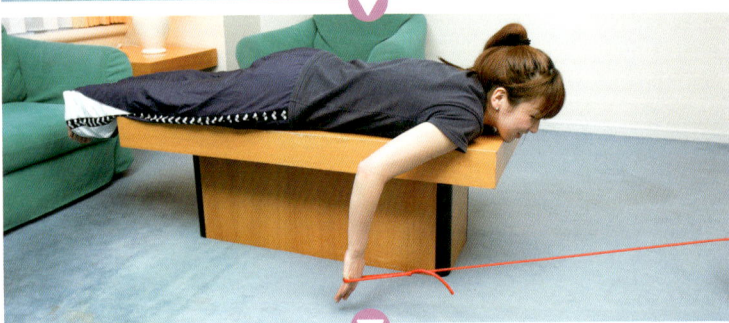

■ 한쪽 손에 튜브를 걸고 풀 동작을 한다.

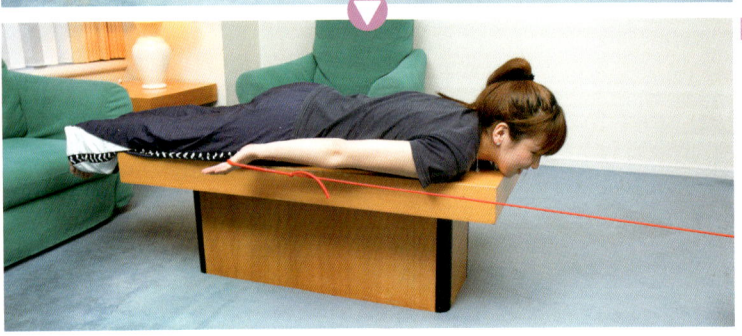

■ 네 가지 영법을 각각 한다.

POINT TIP!
수영 자세를 취하면 이미지 트레이닝을 하기가 쉬워진다. 튜브를 사용함으로써 올바른 풀 동작을 점검하고 필요한 근력도 강화된다.

 잘못된 동작으로 연습하면 나쁜 버릇이 생길 수 있다. 파트너에게 확인을 부탁하거나 거울을 보며 확인하면 좋다.

 LESSON **189** | 자세 점검

의자를 이용하여 자세 점검하기①
-자유형

· 횟수 | 횟수 10회

목적 》》》 의자에 엎드려 자유형 자세를 점검한다.

■ 의자에 엎드려
  자유형 풀을 한다.

■ 후방까지 다 저었으면 팔꿈치를
  높은 위치에 유지하며 리커버리한다.

■ 부드럽게 리커버리하며 입수한다.

■ 입수했으면 팔을 곧게 뻗어 스트림라인을 의식한다.

POINT TIP!
엎드려서 자유형에 가까운 자세를 취한다. 이 자세에서 실제로 자유형을 한다는 생각으로 풀 동작을 한다. 이와 같은 이미지 트레이닝이 세련된 수영을 가능케 한다.

 의자에서 떨어지면 위험하므로 안전한 의자를 준비하기 바란다. 복근과 배근에 힘을 줘서 자세를 유지하는 것이 중요하다.

LESSON **190** | 자세 점검　　

의자를 이용하여 자세 점검하기②
-접영

· 횟수 | 10회

목적 ≫ 의자에 엎드려 접영 자세를 점검한다.

■ 의자 위에 엎드린다.

■ 팔꿈치를 높은 위치에 유지하고, 캐치한 물을 가슴까지 끌어 모은다.

■ 끌어 모은 물을 단숨에 후방으로 밀어낸다.

■ 견갑골부터 크게 움직여 리커버리한다.

POINT TIP!
초보자에게는 어려운 접영이지만, 지상에서 이미지 트레이닝을 하면 물속에서의 동작을 이해하기 쉽다. 동작을 계속 반복하며 자신에게 맞는 자세를 찾아내자.

 이미지 트레이닝도 물속과 마찬가지로 기본자세가 중요하다. 최대한 물속의 스트림라인에 가까운 자세를 취하자.

246 | 수영 마스터 가이드

LESSON **191** | 자세 점검

초급 중급 상급

벽에 등 붙이고 자세 점검하기
-배영

· 횟수 | 10회

목적 ⟫ 벽에 등을 붙이고 배영 자세를 점검한다. 올바른 풀 동작을 몸에 익힌다.

| 벽에 등을 붙이고 배영 풀을 한다. | 팔꿈치를 곧게 펴고 물을 아래로 미는 느낌으로 풀 동작을 한다. | 항상 스트림라인 자세를 의식한다. |

POINT TIP!
배영을 할 때 몸 뒤쪽까지 팔을 젓는 사람에게 추천하는 이미지 트레이닝이다. 등을 벽에 바짝 붙임으로써 팔이 등보다 뒤로 가지 않도록 된다.

 팔꿈치가 구부러지면 자세도 나빠진다. 팔꿈치는 항상 곧게 펴고 스트림라인 자세를 의식하자.

CHAPTER 09 홈 트레이닝 | 247

LESSON 192 | 자세 점검

거울 보며 자세 점검하기

· 횟수 | 10회

목적 》》 자신의 눈으로 자세를 직접 보고 확인하면서 올바른 풀 동작을 마스터한다.

거울 앞에서 풀 동작을 한다.

정상급 수영 선수의 자세와 자신의 자세를 비교해 봐도 좋다.

거울이 없을 때는 유리문 등에 모습을 비춰서 자세 점검을 할 수 있다.

POINT TIP!
자신의 자세를 객관적으로 점검하는 데 효과적인 이미지 트레이닝이다. 거울에 비친 자세를 보면서 이미지와 실제 움직임을 비교하는 것이 포인트다.

 그저 팔을 움직이기만 해서는 올바른 움직임이 몸에 배지 않는다. 어디를 어떻게 해야 할지 자신의 눈으로 보고 머리로 생각하는 것이 중요하다.

| LESSON 193 | 자세 점검 | 초급 중급 상급 |

짐볼을 이용하여 자세 점검하기① –자유형

· 횟수 | 15~20회×3세트

목적 ›› 실제 수영에 가까운 자세로 이미지 트레이닝을 하며 자유형의 자세를 다듬는다.

짐볼 위에 엎드려 자유형 풀을 한다.

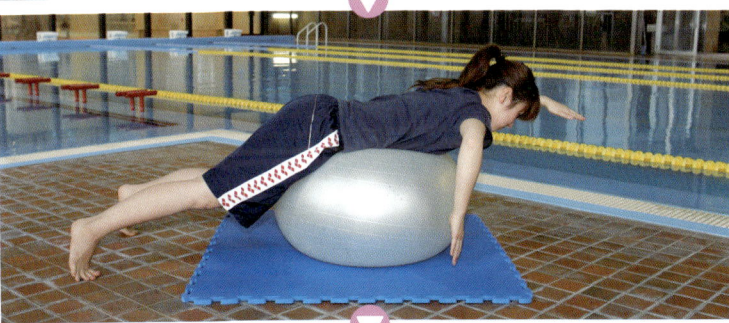

수중에서의 팔 젓기를 떠올리면서 움직인다.

스트림라인 자세를 의식한다.

POINT TIP!
객관적으로 자신의 자세를 보는 것이 실력 향상의 지름길이다. 정상급 수영 선수의 자세를 떠올려 자신의 자세와 어디가 다른지 깨달으면 어디를 수정해야 할지 보이게 된다.

 짐볼 위는 불안정하므로 자세가 무너지기 쉽다. 균형을 잡으려 함으로써 자연스럽게 몸이 단련된다.

CHAPTER 09 홈 트레이닝 | 249

LESSON **194** | 자세 점검　　초급　중급　상급

짐볼을 이용하여 자세 점검하기 ②
— 평영

· 횟수 | 15~20회×3세트

목적 》》 짐볼 위에 엎드려 평영의 이미지 트레이닝을 한다.

■ 짐볼 위에 엎드려 평영 풀을 한다.

■ 짐볼을 배로 누른다는 느낌으로 균형을 잡는다.

■ 균형을 잡으면서 풀에 호흡 동작을 맞춘다.

POINT TIP!
짐볼을 이용한 트레이닝은 항상 균형을 맞춰야 하기 때문에 몸의 작은 근육을 단련할 수 있다. 특히 복근과 배근 등 몸통 부분의 강화에 도움이 된다.

 균형을 잘 잡지 못하는 사람은 짐볼의 공기를 조금 빼도 좋다. 접지 면적이 커지기 때문에 안정이 된다.

LESSON **195** | 자세 점검

짐볼을 이용하여 자세 점검하기③
-배영

· 횟수 | 15~20회×3세트

목적 》》 짐볼 위에 누워 배영의 이미지 트레이닝을 한다.

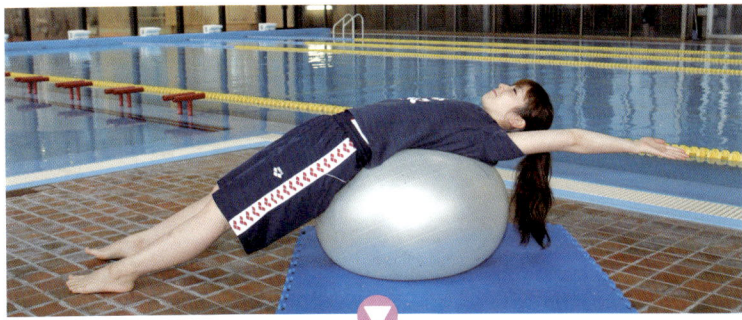

짐볼 위에 누워 배영 풀을 한다.

복근과 배근을 사용하여 균형을 잡는다.

스트림라인을 의식한다.

POINT TIP!
누운 상태로 균형을 잡기 위해서는 엎드렸을 때보다 복근과 배근의 힘이 더 필요하다. 처음에는 가능한 범위부터 시작하여 서서히 시간을 늘려나가자.

 무리하게 머리를 들려고 하면 목을 다칠 수 있으니 주의하자. 복근과 배근의 힘으로 자세를 유지하기 바란다.

CHAPTER 09 홈 트레이닝 | 251

LESSON **196** | 자세 점검

짐볼을 이용하여 자세 점검하기④
–접영

· 횟수 | 15~20회×3세트

목적 »» 짐볼 위에 엎드려 접영의 이미지 트레이닝을 한다.

■ 짐볼 위에 엎드려 접영 품을 한다.

■ 자세를 의식하면서 양손으로 물을 후방으로 밀어낸다.

■ 풀과 호흡 동작을 일치시킨다.

POINT TIP!
어려운 종목일수록 지상에서의 이미지 트레이닝이 효과를 발휘한다. 물속에서는 자기도 모르게 허둥대기 쉽지만, 지상에서는 여유를 갖고 자신의 눈으로 자세를 보면서 연습할 수 있다.

 이미지 트레이닝에서도 물속과 마찬가지로 기본자세가 중요하다. 최대한 물속의 스트림라인에 가까운 자세를 취하자.

LESSON 197 | 자세 점검

걸으면서 자세 점검하기

목적 »» 물속을 나아가는 느낌으로 걸으면서 자세를 점검한다.

걸으면서 평영 풀을 한다.

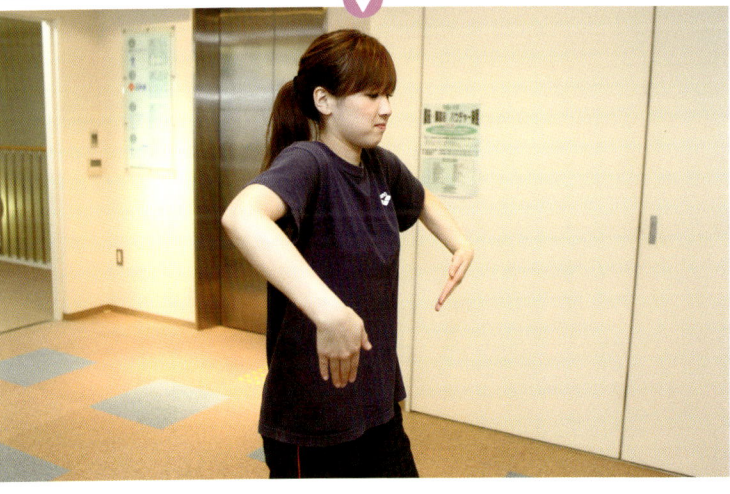

배근을 곧게 펴고 실제로 수영하는 자신의 모습을 떠올리며 나아간다.

POINT TIP!
물속을 나아가는 상태를 만들어 이미지 트레이닝을 함으로써 더욱 실제 감각에 가까워질 수 있다. 실내뿐만 아니라 공원 등에서 하면 기분 전환도 될 것이다.

 걷는 속도를 바꾸면 안정된 자세 점검을 할 수 없다. 어느 정도 여유를 갖고 풀 동작을 할 수 있는 속도를 유지하며 걷는다.

LESSON **198** | 도구를 이용한 트레이닝

벽에서 턴 연습하기

· 횟수 | 4회

목적 »» 벽에서 턴 동작을 확인하며 배영의 스핀 턴 이미지를 파악한다.

바닥에 누워서 벽을 이용하여 스핀 턴을 한다.

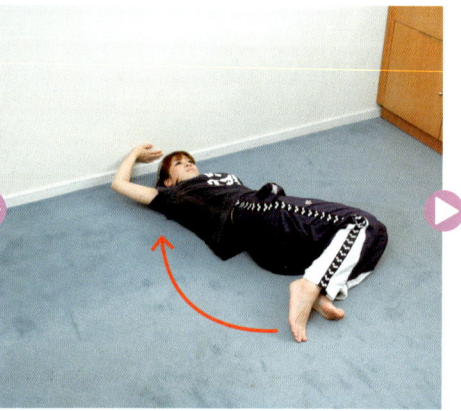

한쪽 손으로 벽을 터치했으면 터치한 손 쪽으로 몸을 회전시킨다.

등을 받침점으로 삼아 머리와 다리의 위치를 바꾼다.

벽에 발을 붙였으면 스트림라인 자세를 취한다.

POINT TIP!
엎드린 자세로 하는 영법의 터치 턴에 비해 배영의 스핀 턴은 이미지를 파악하기가 힘들다. 지상에서 기본 동작을 확인하면 물속에서의 움직임을 이해하기 쉽다.

 터치한 손 쪽으로 몸을 회전시킨다는 것을 기억해두자. 등을 받침점으로 머리와 다리를 180도 회전시키는 느낌이다.

254 | 수영 마스터 가이드

LESSON 199 | 도구를 이용한 트레이닝

목욕탕에서 호흡 연습하기

· 횟수 | 5회

목적 >>> 물에 대한 공포심을 완화하면서 물에 익숙해짐과 동시에 호흡 동작을 익힌다.

POINT TIP!
친숙한 자기 집 목욕탕이라면 물이 무서운 사람이나 아이들도 긴장하지 않고 연습할 수 있다.

NG! 코로 한 번에 숨을 뱉어내지 않도록 하자. 코로 조금씩 숨을 뱉어내는 연습을 하기 바란다.

▎얼굴을 물에 담갔으면 코로 조금씩 숨을 뱉어낸다.

▎숨이 괴로워지면 얼굴을 들어 입으로 숨을 들이마신다.

 LESSON 200 | 도구를 이용한 트레이닝

목욕탕에서 스컬링하기

· 횟수 | 10회

목적 >>> 욕조 물에서 스컬링을 하여 물을 캐치하는 감각을 느낀다.

POINT TIP!
스컬링을 하면 손바닥에 물의 저항이 느껴진다. 이것이 올바른 캐치 감각이다.

NG! 손바닥에 힘이 들어가면 물이 도망친다. 손바닥은 유연하게 하는 것이 기본이다.

▎손바닥을 물고기의 꼬리지느러미처럼 유연하게 사용해 '∞' 모양으로 움직인다. 올바르게 되면 소용돌이가 생긴다.

수영 용어 SWIMMING WORD

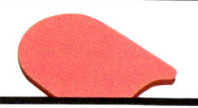

견갑골(Scapula) 어깨에서 등에 걸친 뼈 부분. 후방에서 늑골을 덮고 있는 삼각형 모양의 대형 뼈를 가리킨다.

골반(Pelvis) 선골(仙骨), 관골(寬骨), 미골(尾骨)로 구성된 뼈 부분. 창자와 내장을 보호하는 역할을 한다.

다운 킥(Down Kick) 물속에서 다리를 움직여서 수영장 바닥을 향해 차 내리는 킥

돌핀 킥(Dolphin Kick) 돌고래(돌핀)의 꼬리지느러미와 같이 움직이는 킥. 허벅지, 무릎, 발목의 순서로 두 다리를 모아 움직인다. 접영에서는 이 킥을 사용한다.

로터리 킥(Rotary Kick) 입영에서의 발의 움직임. 무릎을 중심으로 바깥에서 안으로 교차하여 돌림으로써 부력을 생성해 헤엄친다.

롤링(Rolling) 자유형이나 배영에서 킥이나 스트로크에 맞춰 몸을 좌우로 기울여 균형을 잡는 것

리커버리(Recovery) 풀의 움직임 중 하나. 뒤쪽까지 저은 팔을 전방으로 되돌리는 동작이다.

무게중심 물체의 중심이 되는 점. 또는 물체의 각 부분에 작용하는 중력을 하나로 모았을 때 그 힘이 작용하는 점을 가리킨다. 배꼽 위쪽 15cm 지점이 무게중심에 해당한다.

무호흡 숨을 쉬지 않고 수영하는 것. 훈련법의 하나다.

물 밟기 입영에서 발의 움직임의 일종. 발바닥으로 물을 밟듯이 두 다리를 교차로 움직이며 헤엄친다.

보빙(Bobbing) 수영장의 바닥을 차며 점프하여 얼굴을 수중과 수상으로 넣었다 빼는 상하운동. 수중에서 코로 숨을 뱉어내고 수상에서는 입으로 숨을 들이마시는 호흡법을 실시한다.

복식호흡 횡경막을 위아래로 움직이며 하는 호흡법. 공기를 잔뜩 들이마실 수가 있기 때문에 심신의 컨디션을 조절하거나 긴장을 푸는 데 효과적이다.

스컬링(Sculling) 물속에서 손을 20~30도 정도 기울여 옆으로 미끄러지듯이 움직이는 동작. 손으로 소용돌이를 그리듯이 움직이는 것이 포인트다.

스트레이트 암(Straight Arm) 자유형을 할 때 리커버리에서 팔을 곧게 펴며 수영하는 것. 견갑골 주위의 작은 근육에 대한 스트레칭을 목적으로 할 때 사용한다.

스트레치 존(Stretch Zone) 엔트리와 캐치 사이의 시간. 스트림라인 자세를 만들고 시간 간격을 두면 나아가기 쉽다. 평영에서는 이 시간을 두는 것이 특히 중요하다.

스트로크(Stroke) 상체의 각 1회 동작. 주로 팔의 움직임을 말할 때가 많다.

스트림라인(Stream Line) 물속에서 물의 저항을 가장 적게 받는 유선형 자세를 뜻한다.

시저스 킥(Scissors Kick) 입영(Stand Swimming)의 일종. 두 다리를 교대로 움직이는 물 밟기, 로터리 킥(Rotary Kick)과는 달리 두 다리를 동시에 움직이는 동작이다. 발바닥과 발등으로 물을 사이에 끼우듯이 헤엄친다.

아웃 스위프(Out Sweep) 스트로크에서 팔을 몸의 안쪽에서 바깥쪽을 향해 돌리는 것

업 킥(Up Kick) 수중에서 다리를 움직여 물을 차올리는 동작. 수영에서는 일반적으로 다운 킥(Down Kick)보다 업 킥에 집중하며 차면 좋다.

엔트리(Entry) 풀의 움직임 중 하나. 팔을 입수시키는 동작

요추(Vertebrae Lumbales) 등뼈의 일부. 골반 위에 있는 추골과 추간판 5개를 가리킨다.

인 스위프(In Sweep) 스트로크에서 팔을 몸의 바깥에서 안쪽을 향해 돌리는 것

추진력 물속에서 몸을 전진시키는 힘. 자유형, 배영, 접영에서는 풀이, 평영에서는 킥이 그 대부분을 담당한다.

캐치(Catch) 풀의 움직임 중 하나. 엔트리 후 물속에서의 동작. 손으로 물을 잡는 것. 물을 확실히 잡으면 그 후의 스트로크에서 큰 추진력이 생긴다.

코어(Core) 몸의 중심(핵)이 되는 척추 부분과 몸통의 근육군(群)을 가리킨다. 코어를 단련하면 운동 효율이 향상된다.

콤비네이션(Cpmbination) 풀, 킥, 호흡을 조합하며 수영하는 것

푸시(Push) 풀의 움직임 중 하나. 캐치한 물을 후방으로 젓는 것

풀(Pull) 스트로크 동작을 가리킨다.

프런트(Front) 수중에서 물을 저을 때의 전반 부분. 입수한 물을 캐치하여 끌어당기는 부분까지를 가리킨다.

피니시(Finish) 풀의 움직임 중 하나. 수중에서 스트로크의 최종 동작을 가리킨다.

하이 엘보(High Elbow) 스트로크 중 팔꿈치(엘보)를 높은(하이) 위치에 유지하는 것. 주로 자유형의 리커버리에 사용되는데, 캐치에서 사용할 때도 있다.

S자 풀 캐치에서 피니시에 걸쳐 S자를 그리듯이 지그재그로 젓는 팔 동작

■ 에필로그

모든 수영인에게 보내는 메시지

고등학교 시절 저의 꿈은 보육사나 체육 선생님이 되는 것이었습니다. 운동은 좋아했지만 특별히 수영에 흥미가 있었던 것도, 수영이 특기였던 것도 아니었습니다. 그러던 어느 날, 우연한 계기로 수영 학교에 견학을 갔습니다. 수영장에서는 물론 많은 아이들이 즐겁게 헤엄치고 있었는데, 지도자도 모두 활기차게 아이들을 가르치고 있었습니다. 놀랍게도 그들은 대부분 지도자가 되기 전에 수영과는 인연이 없는 생활을 하고 있었습니다. 그 순간 저는 수영 코치가 되기로 결심했습니다. 과감한 결단이었지만, 지금은 그 결단이 잘못되지 않았다고 확신하고 있습니다.

  초급반에서 수영을 배우면서 코치가 되기 위해 밤늦게까지 개인 교습을 받는 나날이 계속되었습니다. 힘들 때도 있었지만, 그러는 가운데 익힌 수영 기술과 지도법이 이렇게 책으로 정리되니 그 노력이 보답을 받았다는 생각이 듭니다.

  수영인 여러분. 수영을 통해 도전 정신을 키워나가시기 바랍니다. 이 책의 레슨을 소화해 나가면 반드시 수영 실력이 향상될 것입니다. 그리고 몸도 마음도 건강해짐을 실감하게

될 것입니다. 또한 어린이 여러분은 '하면 된다!'는 기쁨과 끈기를 배우기 바랍니다.

지도자 여러분. 수영을 못하는 사람을 가르칠 때 '반드시 실력을 향상시키겠어!'라는 마음이 너무 강하면 그것이 부담감으로 다가와 실력 향상을 방해할 수도 있습니다. 수영을 하지 못하는 사람들과 같은 눈높이에서 지도해주시기 바랍니다. 일방통행이 아니라 서로의 마음이 통하며 웃음이 끊이지 않는 지도를 해주십시오. '수영을 좋아하는 사람'을 만드느냐 '수영을 싫어하는 사람'을 만드느냐는 여러분의 마음에 달려 있습니다.

마지막으로, 수영을 통해 만난 선배 여러분과 동료들, 고교 은사님, 그리고 이 책을 감수하는 계기를 만들어 주신 편집부 여러분과 제작진에게 깊은 감사의 인사를 전합니다.

수영이 여러분 인생의 일부가 되기를 진심으로 기원합니다!

고마쓰바라 마키 (수영 인스트럭터)

옮긴이 **김정환**

건국대학교를 졸업하고 일본외국어전문학교 일한통역과를 수료하였다. 현재 번역 에이전시 (주)엔터스코리아 출판기획 및 일본어 전문 번역가로 활동 중이다. 옮긴 책으로는 「야구 마스터 가이드」, 「이런 증상 무슨 병이지」, 「몸이 따뜻해야 몸이 산다」, 「자연이 답이다 거친 곡물이 내몸을 살린다」, 「독이 되는 채소, 약이 되는 채소」, 「50세부터 시작하는 생활운동 건강법」, 「화장품의 진실」 외 다수가 있다.

수영 마스터 가이드

초판 1쇄 발행 2011년 4월 30일
초판 12쇄 발행 2025년 5월 7일

지은이 고마쓰바라 마키
옮긴이 김정환
감수자 노민상
펴낸이 김영조
편집 김시연, 조연곤 | **디자인** 정지연 | **마케팅** 김민수, 강지현 | **제작** 김경묵 | **경영지원** 정은진
외주디자인 본문 김영심 | 표지 ALL design group
펴낸곳 싸이프레스 | **주소** 서울시 마포구 양화로 7 길 44, 3 층
전화 (02)335-0385 | **팩스** (02)335-0397
이메일 cypressbook1@naver.com | **홈페이지** www.cypressbook.co.kr
블로그 blog.naver.com/cypressbook1 | **포스트** post.naver.com/cypressbook1
인스타그램 싸이프레스 @cypress_book | 싸이클 @cycle_book
출판등록 2009 년 11 월 3 일 제 2010-000105 호

ISBN 978-89-963757-8-4 13690

- 이 책은 저작권법에 따라 보호를 받는 저작물이므로 무단 전재 및 무단 복제를 금합니다.
- 책값은 뒤표지에 있습니다.
- 파본은 구입하신 곳에서 교환해 드립니다.
- 싸이프레스는 여러분의 소중한 원고를 기다립니다.